Schriftenreihe
Angewandter Naturschutz
Band 10

D1734463

Feldgehölze als Lebensraum

Fachtagung und Maschinenvorführung

Tagungsbericht

IMPRESSUM

Herausgeber:	Naturlandstiftung Hessen e.V.
	Bahnhofstr. 10
	6302 Lich
Schriftleitung:	Diplom-Biologe Sven Deeg
Zusammenstellung und Bearbeitung:	Diplom-Ingenieurin agr. Christine Fend
	Diplom-Biologe Edgar Reisinger
Satz:	Naturlandstiftung Hessen e.V.
Herstellung:	Mittlhess. Druck- und Verlagsgesellschaft mbH, Gießen

Lich 1990
Alle Rechte vorbehalten
ISBN 3-926411-09-0

Bericht über die
Fachtagung und Maschinenvorführung

Feldgehölze als Lebensraum
Ökologischer Wert, Gestaltung und Pflege

veranstaltet von
Naturlandstiftung Hessen e.V.
Kreisverband Kassel Stadt und Landkreis
der Naturlandstiftung Hessen e.V.
Hessisches Landesamt für Ernährung, Landwirtschaft und
Landentwicklung

in Ober-Kaufungen und Niestetal am 22. und 23. Februar 1990

Schriftenreihe Angewandter Naturschutz
der Naturlandstiftung Hessen e.V.
Band 10

Zum Geleit ...

Eine Fachtagung, die sich mit den Feldgehölzen als Lebensraum beschäftigt und praktische Hinweise zu Anlage und Pflege gibt, hat sich eines wichtigen Themas der Landschaftspflege und des Naturschutzes angenommen.

Feldgehölze und Hecken beherbergen außergewöhnlich artenreiche Lebensgemeinschaften, weil hier die sehr verschiedenartigen Lebensbedingungen des Waldes und des offenen Feldes zusammentreffen und sich auf kleinstem Raum vereinen.

Feldgehölze vermindern den oberflächlichen Wasserabfluß nach Niederschlägen und erhöhen das Wasserrückhaltevermögen der offenen Landschaft. Sie mindern die Extreme des Lokalklimas, verhindern Erosionen und dienen vielen Pflanzen und Tieren als Rückzugsraum. Feldgehölze sind die notwendige Ergänzung eines Netzes schmaler Schutzpflanzungen. Dabei wirkt ein räumlicher Verbund zwischen Wäldern, Gehölzen, Gewässern und anderen Saum- bzw. Kleinbiotopen im Sinne einer Biotopvernetzung ökologisch außerordentlich wertvoll.

Mit der Wiederherstellung bzw. Erhaltung von Feldholzinseln erhalten wir "Lebenszellen" für sehr komplexe Lebensgemeinschaften in der Landschaft. Deshalb fördert das Hessische Ministerium für Landwirtschaft, Forsten und Naturschutz im Rahmen seines Investitionsprogrammes die Neuanlage von Hecken und Feldgehölzen.

Aus der vorliegenden Schrift können sowohl die Kommunen und Behörden als auch Naturschützer, Landwirte und alle Grundeigentümergemeinschaften und Jagdgenossenschaften konkrete Anregungen entnehmen zur Gestaltung und Pflege unserer Natur.

Für diese Arbeit wünsche ich allen viel Freude und Erfolg.

Irmgard Reichhardt
Hessische Ministerin
für Landwirtschaft,
Forsten und Naturschutz

Vorwort

Die Probleme und Aufgaben der Landnutzung und des Naturschutzes sind in allen Bereichen eng miteinander verzahnt. Neben der **zunehmenden Beanspruchung vieler Landschaften** durch den nutzenden Menschen sehen wir uns gerade in Hessen - hier besonders auch im nordhessischen Raum - vor eine weitere Naturschutzaufgabe gestellt, die es zu lösen gilt: Durch die **Einstellung der Landnutzung in Grenzertragslagen** unterliegen weiträumige Bereiche der Sukzession.

Mit ihrer außergewöhnlichen ökologischen Vielfalt sind Gehölze in der Feldflur Stätten des Lebens. Gerade unsere Feldgehölze aber haben uns die Probleme des Naturschutzes in den letzten Jahren deutlich vor Augen geführt. Der Lebensraum "Feldgehölz" ist hier in mehrfacher Hinsicht betroffen:

- Die Anlage neuer Feldgehölze als Nahrungs- und Ruhezonen in der vom Menschen stark belasteten Landschaft ist oft dringend erforderlich.

  Schon Ende der siebziger Jahre hat das Land Hessen den Naturschutz durch ein "Feldholzinselprogramm" unterstützt. Dieses geschah auf Initiative des damaligen Leiters der Oberen Naturschutzbehörde in Darmstadt und Vizepräsidenten des Landesjagdverbandes Hessen, Oberlandforstmeister Rudolf Graulich. Das hessische "Feldholzinselprogramm" war ein erstes Biotopschutzprogramm in der Bundesrepublik Deutschland.

- Bestehende Gehölze verlieren an Wert durch Herauswachsen, Überalterung und Vernachlässigung der Pflege.

- Die Nutzungsaufgabe auf extremen, aber ökologisch wertvollen Grünlandstandorten führt oft zu einer Verbuschung und damit zur Entwertung dieser Biotope.

Viele Grundstücke, auf denen sich heute Feldgehölze finden sind im Eigentum der Gemeinde. Die Kommunen haben sich daher in den letzten Jahren an die Naturlandstiftung Hessen gewandt und um Unterstützung bei dieser Naturschutzaufgabe gebeten. Dabei standen insbesondere folgende Fragen im Vordergrund des Interesses:

- **Welche Argumente sprechen aus der Sicht der Landnutzung für die Erhaltung und Neugestaltung eines Vernetzungssystems von Feldholzinseln und Feldgehölzen?**

- **Wie sind Feldgehölze zu pflegen und deren ökologisches Potential optimal zu nutzen?**

- **Welche Maschinen und Geräte sind für den Einsatz bei der Gehölzpflege empfehlenswert?**

- **Wie ist die Gehölzpflege kostengünstig zu organisieren und durchzuführen?**

Neben dem rein fachbezogenen "know-how" konnten wir stets empfehlen, daß es sich bei der Naturschutzarbeit bestens bewährt hat, die Kooperation aller Betroffenen zu fördern. Örtliche Naturschutzgruppen, Bürger, Kommunen, Grundeigentümer und Landwirte müssen auch bei der Lösung dieser Naturschutzprobleme zusammenarbeiten.

Die Rolle der **Landwirte als Partner in der Landschaftspflege** haben wir gemeinsam mit unseren Kreisverbänden und der hessischen Naturschutz- und Landwirtschaftsverwaltung wiederholt herausgestellt.

So konnten durch Vermittlung der Naturlandstiftung Hessen im Rahmen des hessischen Vertragsnaturschutzes alleine in den letzten drei Monaten Honorare in sechsstelliger Höhe an Landwirte ausgezahlt werden, die Aufgaben in der Gehölzpflege übernommen haben.

Wir freuen uns daher besonders über den Zuspruch der Landwirte und der Kommunalverwaltungen, den die Tagung "Feldgehölze als Lebensraum" erfährt. Als Veranstalter möchte das Hessische Landesamt für Ernährung, Landwirtschaft und Landentwicklung, der Kreisverband Kassel Stadt und Landkreis und die Naturlandstiftung Hessen Ihnen interessante Vorträge und eine aufschlußreiche Fachtagung anbieten.

Ich danke allen, die selbstlos zum Gelingen unserer heutigen Veranstaltung beigetragen haben.

Lich, im Februar 1990

Karl-Heinz Schuster
Vorstandsvorsitzender
der Naturlandstiftung Hessen

Vorwort

Wenn man die Tageszeitungen aufschlägt, wird man Schlagzeilen gewahr über Gefahren des Ozonloches, des Treibhauseffektes, der Vernichtung des tropischen Regenwaldes usw. Unser Heimatplanet droht in ein ökologisches Ungleichgewicht zu geraten. Unser direkter Einfluß auf diese Entwicklung ist gering. Trotzdem sollte man nicht resignieren, denn große Wirkung können Engagement und Aktivitäten haben, die sich dem Schutz der Natur der engeren Heimat widmen.

"Naturschutz beginnt vor der Haustür" - In diesem Sinne wurde 1985 der Kreisverband der Naturlandstiftung Stadt und Landkreis Kassel gegründet. Von Anfang an suchte unser Kreisverband die Zusammenarbeit mit allen Kräften, die für erfolgreichen Biotopschutz relevant sind, wie Kommunen, Behörden, Landwirtschaft, Naturschutzverbände. Mittlerweile wurden mehr als 40 Projekte von der Naturlandstiftung geplant und die Betreuung organisiert, die als ein Netz von Trittsteinbiotopen sich durch den Landkreis ziehen. Einen Schwerpunkt unserer Tätigkeit bilden selbstverständlich auch die Anlagen von Hecken. Gerade Hecken und Feldgehölze haben in den letzten zwei Jahrzehnten durch die ge-

änderten ökonomischen Bedingungen in vielen Landesteilen in ihrem Bestand abgenommen. Andererseits führt die Aufgabe von landwirtschaftlicher Nutzung und die Einstellung der Heckenpflege durch die Landwirte zu einer ökologischen Verarmung dieses wichtigen Strukturelementes unserer Kulturlandschaft.

Ich freue mich deshalb, daß das Symposium über Feldgehölze und Hecken sich dieses Themas annimmt und über Fragen ihrer Ökologie hinaus auch zu Problemen der Organisation, der Pflege und des Biotopmanagements Stellung nimmt. Ich wünsche, daß alle Beteiligten Anregungen und Informationen für ihre Arbeit gewinnen - zum Nutzen der Natur und zur Sicherung unserer Lebensgrundlagen.

Kassel, im Februar 1990

Arno Fink
Vorsitzender des
Kreisverbandes Kassel, Stadt und Landkreis der
Naturlandstiftung Hessen e.V.

Inhaltsverzeichnis

Inhaltsverzeichnis

Ökologischer Wert von Gehölzen in der Feldflur

Gegen Wildwuchs und Gestrüpp.

STIHL Motorsensen

Die mähen überall. In Ecken, an Kanten, zwischen Büschen, zentimetergenau um Bäume herum. Auch in steilem, schwierigem Gelände. Viele Schneidwerkzeuge: Dagegen ist kein Kraut gewachsen.

STIHL ®

Bezugsquellennachweis:

STIHL KG

Vertriebszentrale
Robert-Bosch-Straße 13

6110 Dieburg

Wir beraten Sie!

Ökologischer Wert von Hecken, Feld- und Bachgehölzen

Dr. Josef Blab
Bundesforschungsanstalt für Naturschutz und
Landschaftsökologie
- Arbeitsgebiet Biotopschutz -
Bonn, Bad Godesberg

1. Landschaftsökologische Betrachtung

Hecken, Feld- und Bachgehölze repräsentieren eine Palette ökologisch durchaus verschiedenartiger Gehölzbestände der offenen Landschaften. Gemeinsam ist ihnen, daß sie die Flur untergliedern, dort andere, neue ökologische Qualitäten darstellen, auf die zahlreiche Tier- und Pflanzenarten zwingend angewiesen sind. In vielen Regionen mit industrieller Agrarproduktion auf großer Fläche stellen sie heute oft sogar die letzten noch halbwegs naturnahen Reste in der Landschaft dar.

Was ist eine Hecke, was ein Feldgehölz, was ein Bachgehölz? Im folgenden sollen weniger alle denkbaren Definitionen aufgeführt werden, vielmehr soll aufgezeigt werden,

- welche Rolle diesen Landschaftselementen für die Tier- und Pflanzenwelt zukommt,
- was ihre gemeinsamen oder zumindest vergleichbaren ökologischen Funktionen sind,
- was die Typen im generellen unterscheidet und schließlich,
- auf welche Qualitäten, Strukturen und Elemente das naturschützerische bzw. planerische Augenmerk besonders zu richten ist.

Fast jede Hecke, fast jedes Feldgehölz, fast jedes Bachgehölz ist anders aufgebaut, und je nach der konkreten Ausprägung spielen diese Biotopbestände natürlich eine unterschiedliche Rolle für den Artenschutz. Welche Habitatfunktionen z.B. für die Tierwelt ihnen jedoch, zumindest im Prinzip, gemeinsam sein können, zeigt der nachfolgende Abschnitt sowie die Abb. 1.

Unterschiede in der Faunenzusammensetzung resultieren vor allem aus der Struktur, aus Aufbau, Vegetationszusammensetzung, Flächenform und Flächengröße. So sind Feldgehölze in der Regel flächig entwickelt, Restwälder eben, während Hecken und Bachgehölze meist schmal, dafür aber langgestreckt sind. Darüber hinaus spielt ebenso die durch die unterschiedlichen Boden- und Feuchteverhältnisse gesteuerte und modifizierte, oft sehr verschiedenartige Vegetationszusammensetzung eine große Rolle für die Faunenzusammensetzung:

So haben etwa die im Mittelwasserbereich stockenden Rot- und Schwarzerlen, Bruch- und Fahlweiden einen völlig anderen Phytophagenkomplex, als die von Schlehe, Weißdorn und Rose dominierten Vormäntel südexponierter Feldgehölze oder Hecken. Charakterarten unter den Schmetterlingen zu (erstgenanntem Komplex) den Bachgehölzen, sind beispielsweise Pappelglucke, Flechtenbär, Erlenwickler, Weichholzauen-Zahnspinner, Weidenkahneule, Weidengelbeule, die Spannerarten *Hydrelia testacea, H. flammeolaria, Euchoeca nebulata, Epione repandaria, E. vesperaria* oder der als Raupe in Manier der Bockkäferlarven im Stammesinneren der Weichhölzer wühlenden Weidenbohrer und Ameisen-Glasflügler. Charakterarten der Vormäntel sind wiederum Birkenzipfelfalter, Pflaumenzipfelfalter, Weißdornspinner, Heckenwollfalter, die Eulen *Callierges ramosa* und *Conistra rubiginosa, der Spanner Angerona prunaria* und die Gespinstmotten *Argyresthia pruniella* und *Yponomeuta horridella.*

Fallweise wird natürlich auch das Mikroklima zum platzanweisenden Faktor, stellen außerdem etwa die Wasserwurzeln der Erlen ein Lebensraumstrukturgerüst für wasserlebende Tiere dar; dies ist eine Funktion, die Hecken und Feldgehölzen völlig fehlt. Im folgenden sollen diese Aspekte jedoch nicht näher aufgeführt werden, sondern die Bedeutung dieser Landschaftselemente für den Artenschutz sowie die wichtigsten Habitatfunktionen insbesondere für die Tierwelt im einzelnen dokumentiert werden.

2. Habitatfunktionen und Bedeutung dieser Landschaftselemente für die Tierwelt

TISCHLER (1948) schätzt die Zahl der Tierarten in den von ihm untersuchten Eichen-Hainbuchenknicks Schleswig-Holsteins auf rund 1.500 (vgl. Tab.1). Für Feldholzinseln und Bachgehölze fehlen entsprechende Untersuchungen. Die Tierwelt der Ränder dieser Biotoptypen ist aber zu großen Teilen

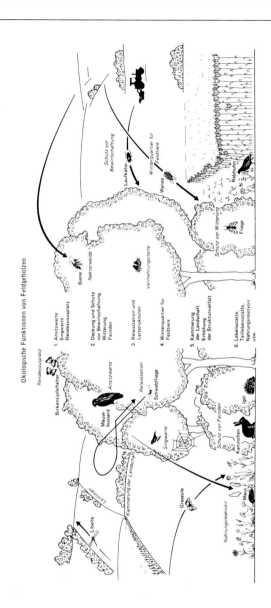

Abb. 1: Ökologische Funktionen von Hecken und Feldgehölzen.

Ein Teil der Funktionen hängt in erster Linie von der konkreten strukturellen Ausprägung ab (z.B. Ansitzwarte, Deckung und Schutz), ein anderer von der Pflanzenartenzusammensetzung (etwa Nahrungsbasis für spezialisierte Phytophage). Für die Zusammensetzung der Heckenfauna spielen außerdem noch die Qualität der benachbarten Biotope sowie die Distanzen zu anderen Gehölzen eine wichtige Rolle (nach BLAB 1988).

Tab. 1: Übersicht über die Tierarten des Eichen-Hainbuchenknicks

(nach TISCHLER 1948).

Taxa	Arten- zahl	Bemerkungen
Orthoptera (Geradflügler)	7	
Heteroptera (Wanzen)	73	Wanzen ernähren sich räuberisch, pflanzensau- gend oder als Allesfresser. Einige Arten sind monophag, z. B. *Phylus coryli* auf Hasel, *Liocoris* *tripustulatus* auf Brennessel
Homoptera (Pflanzensauger und Gleichflüg- ler) Cicadina (Zikaden)	29	charakteristische Heckenart *Macropsis rubi* auf Rubus
Psyllina (Blattflöhe)	3	
Aphidiinae (Blattläuse)	10	Blattläuse sind abhängig von bestimmten Pflanzenarten. Da viele Räuber wiederum von Blattläusen leben, spielen Blattläuse eine große Rolle im Ökosystem.
Coccina (Schildläuse)	1	
Coleoptera (Käfer)		
Carabidae (Laufkäfer)	30	
Staphylinidae (Kurzflügler)	64	meist nur an gewisse Feuchtigkeitsbedingungen gebunden (ansonsten ubiquitär); ernähren sich vornehmlich von Pilzmyzel
Lamellicornia (Blatthornkäfer)	3	
Clavicornia	21	
Polyformia	28	
Polyphaga	24	
Curculionidae (Rüsselkäfer)	37	
Neuroptera (Netzflügler)	12	
Trichoptera (Köcherfliegen)	1	landlebende Köcherfliege *(Enoicyla pusilla)*
Lepidoptera (Schmetterlinge)		Vorkommen vor allem durch Raupennährpflan- zen bedingt
Microlepidoptera (Kleinschmetterlinge)	51	
Geometridae (Spanner)	32	
Noctuidae (Eulen)	16	
Bombyces etc. (Spinner)	9	
Rhopalocera (Tagfalter)	7	
Diptera (Zweiflügler)		Vorkommen vor allem infolge günstiger Wind- schutz und Wärmeverhältnisse
Nematocera (Mücken)	30	
Brachycera (Fliegen)	45	
Aschiza	45	hierunter z. B. die Schwebfliegen, deren Larven Blattlausjäger und deren Imagines Blütenbe- sucher sind
Acalyptratae	40	
Calyptratae	90	
Hymenoptera (Hautflügler)		
Symphyta (Blatt- und Halmwespen)	46	abhängig von Nährpflanzen
Cynipoidea (Gallwespen)	7	diese Parasiten finden in den Knicks durch den
Ichneumonidae (Schlupfwespen)	110	Artenreichtum an Wirbellosen optimale Ent- wicklungsbedingungen
Aculeata (Stechimmen)	40	
Chilopoda (Hundertfüßler)	10	
Diplopoda et Isopoda		
(Doppelfüßler und Asseln)	17	sacrophage Bodentiere/Zerkleinerer
Pseudoscorpiones (Pseudoskorpione)	2	
Opiliones (Weberknechte)	6	
Araneae (Spinnen)	60	
Mollusca (Weichtiere)	27	
Oligochaeta (Wenigborster)	2	berücksichtigt wurden nur Arten der Streu- schicht, nicht aber bodenlebende Arten
Vertebrata (Wirbeltiere)		
Reptilia et Amphibia (Reptilien		
und Amphibien)	4	
Aves (Vögel)	17	
Mammalia (Säugetiere)	6	

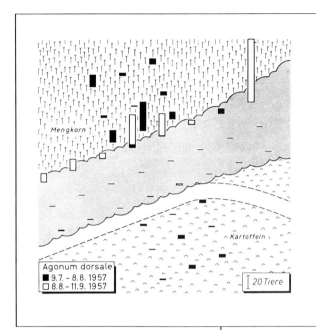

Abb. 2: Fangergebnisse von *Agonum dorsale* an einer Hecke und auf den benachbarten Feldern vor und nach der Getreideernte

August 1957 (nach THIELE 1964).

mit jener der Hecken vergleichbar. Dabei überwiegen jeweils die Insekten sehr deutlich. Die Fauna besteht im wesentlichen aus Waldarten, insbesondere Arten der Waldränder. Bei den Laufkäfern z.B. stellen die Waldtiere 49 - 94 % aller Arten, dazu kommen eurytope Arten des Offenlandes und Ubiquisten. Die Tierwelt zeigt durchaus eigenständige Züge, bleibt also unabhängig vom Umland (Weiden, Felder, Gewässer usw.) weitgehend gleich, bei etlichen Tierarten, bei denen diese Biotoptypen nur einen Teil der Gesamtlebensstätte darstellen, ist diese Aussage jedoch zu relativieren.

Die ökologischen Funktionen im einzelnen:

● **Ansitzwarte, Singwarte, Rendezvousplatz**

Insbesondere Überhälter und dürre Wipfel für Greifvögel (z.B. Mäusebussard). Für Wartenjäger unter den insektenfressenden Vögeln (z.B. Neuntöter) genügen bereits hervorstehende Zweige.

● **Deckung und Schutz vor Witterung, Bewirtschaftung und Feinden**

Im gehölzdurchsetzten Grünland können auch Arten überdauern, denen die kühl-feuchte Frühjahrswitterung und die Sommertrockenheit auf

Wiesen und Weiden nicht zusagt. Durch den Windschutz verlängern sich die Aktivitätsphasen und die Fortpflanzungszeit, denn im Frühjahr bietet der Südrand dieser Biotope vielen Arten die Möglichkeit, vorzeitig aktiv zu werden und erlaubt auch längere Aktivitätszeiten bis weit in den Herbst hinein, wenn es ansonsten schon zu kalt ist. Belege hierfür existieren z.B. für den Feldlaufkäfer, den Goldlaufkäfer, den Glanz-Flachläufer und den Putzkäfer. Hygrophile Wiesen- und Weidentiere können sich im Schutze von Gehölzen den Sommer über auf der Weide aufhalten (z.B. die Käfer *Pterostichus niger, Sphaeridium scarabaeoides*).

Bei Feldbearbeitung und Mahd weichen viele Tiere kurzzeitig in die Gehölze aus, wie etwa bestimmte Bodenräuber (Wolfsspinnen und Laufkäfer) oder Blütenbesucher (Tagfalter, Schwebfliegen, Tanzfliegen, Blumenfliegen, Hummeln, Wanzen). Andere Arten wiederum - z.B. das Ochsenauge, eine Tagfalterart - ziehen sich in der Mittagshitze in den Schatten von Gehölzbeständen zurück.

● **Relaisstation und Leitstrukturen für die Verbindung verschiedener Biotope (insbesondere Gehölzbiotope) - wichtig für Käfer, Schnecken, Spinnen, Kleinsäuger, Vögel usw. Orientierungs-**

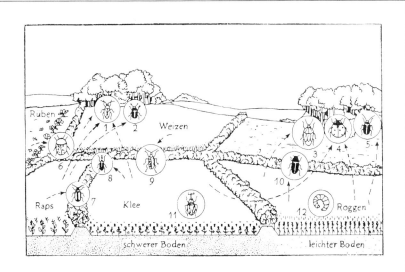

Abb. 3: Überwinterung von Insekten der Felder in Hecken, Feldgehölzen und Wäldern (nach TISCHLER 1965).

linie für freifliegende Organismen (Hautflügler, Schmetterlinge wie z.B. den Segelfalter).

● **Überwinterungsquartier für Feldtiere**

Diese Funktion kann für etliche Arten, z.B. die Laufkäfer *Platynus dorsalis, Tachypous obtusus, Phyllotreta undulata, Apion flavipes* sehr wichtig sein (vgl. Abb. 3).

Auch andere Tierarten (z.B. Igel, Spitzmäuse) wintern nicht selten in diesen Bereichen ein.

● **Kammerung der Landschaft und Erhöhung der Strukturvielfalt im offenen Gelände**

Dort wo zwei unterschiedliche naturnahe Lebensräume aneinandergrenzen, steigen im Regelfall die Artenzahlen erheblich an: Hier leben nicht nur die Tiere und Pflanzen aus den beiden Lebensräumen, sondern es kommen noch weitere hinzu, die sich auf genau diese Grenzlinie spezialisiert haben oder sie mit einer großen Vorliebe aufsuchen (vgl. Abb. 4).

So bevorzugen beispielsweise die Feldtiere Feldhase, Hermelin, Mauswiesel, Mäusebussard, Turmfalke, Waldohreule, Rebhuhn und Blindschleiche solche Ökotopbereiche. Beim Rebhuhn entscheidet, wegen der territorialen Verteidigung des vom Hahn

übersehbaren Bereiches, der Grad der Kammerung über die Bestandsdichte.

Die Erhöhung der Strukturvielfalt bietet solchen Tierarten Existenzmöglichkeiten, die vertikale Strukturelemente benötigen (wie z.B. viele Webspinnen für das Auspannen der Netze) oder die verschiedene Vegetationshöhen auf engstem Raum benötigen (z.B. Neuntöter).

● **Ganz- oder elementare Teillebensstätte, Nahrungsreservoir usw.**

In den hier diskutierten Gehölzbeständen treffen Pflanzenarten des Offenlandes und der Wälder zusammen. Unter den Tierarten finden sich an den Säumen Arten des Offenlandes oder Doppelbiotopbewohner, im Inneren breiterer Ausprägungen vor allem Arten der Waldränder (vgl. Tab. 2) und - an Stellen mit besonders waldähnlichem Klima - auch stenöke Waldarten.

Angesichts der fortschreitenden Intensivierung der landwirtschaftlichen Bodennutzung werden solche Landschaftselemente damit vielfach zu Zufluchtsorten für ehedem flächenhaft verbreitete Pflanzen- und Tierarten der offenen Landschaft, die der intensi-

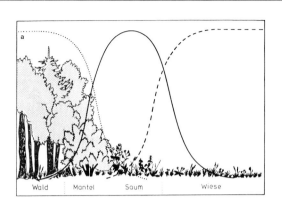

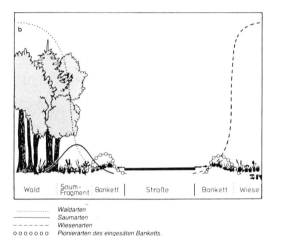

Wald | Saum-Fragment | Bankett | Straße | Bankett | Wiese

.... Waldarten
———————— Saumarten
— — — — — Wiesenarten
o o o o o o o o Pionierarten des eingesäten Banketts.

Abb. 4: Häufigkeitsverteilung der spezifischen Artengruppen im Saumbiotop "Waldrand"

(Nach WOLF-STRAUB 1984).

vierten Bodenbewirtschaftung nicht standhalten können.

Außerdem stellen sie für manche Arten mit insgesamt größeren Lebensraumansprüchen einen elementaren Teilbiotop dar, z.B. als

• Brutstätten für Vögel (vgl. Abb. 5) oder für Wildbienen und Hummeln, die zur Nestanlage beruhigte Bodenbereiche, Geäst oder altes Holz, Holunder-, Brom- und Himbeerzweige benötigen,

• Struktur für den Netzbau bei Spinnen,

• Aktionszentrum für viele Säugetierarten, die wie etwa Igel, Zwergspitzmaus, Mauswiesel und Her-

melin überall dort leben können, wo sie genügend Nahrung und geeigneten Unterschlupf (vor allem Hohlräume im Boden) finden. Ähnliches gilt für einzelne Amphibienarten, z.B. Erdkröte und Grasfrosch,

• Nahrungsbiotop für Blütenbesucher (z.B. Schmetterlinge, Schlupfwespen, Schwebfliegen), für Blattlausjäger (z.B. verschiedene Wespenarten), aber auch für samen- und fruchtverzehrende Singvögel (nicht zuletzt auch während der Wanderungen),

• Nahrungsbiotop für Phytophage (in Büschen und Bäumen).

Tab. 2: Die dominierenden Sommervogelarten in den Feldgehölzen des Drachenfelser Ländchens bei Bonn und ihre ökologische Charakterisierung (nach BLAB et al. 1989).

Waldarten

- Amsel,
  Buchfink,
  Kohlmeise   als Dominante
- Zilpzalp,
  Fitis,
  Singdrossel,
  Mönchgrasmücke,
  Gartengrasmücke,
  Heckenbraunelle   als Subdominante

Doppelbiotopbewohner

- Star,
  Wacholderdrossel   als Dominante
- Goldammer,
  Feldsperling,
  Ringeltaube,
  Rabenkrähe   als Subdominante

3. Landschaftsökologische Bewertung

Bewertet man Lebensstätten oder Landschaftsausschnitte z.B. ausschließlich mit Hilfe der Anzahl von vorhandenen Arten der Roten Liste, so werden die hier diskutierten Biotoptypen i.d.R. relativ niedrige Wertzahlen erhalten, da sie überwiegend Generalisten bzw. weitverbreitete Arten beherbergen. (Es gibt aber durchaus auch einige relativ eng auf diese Biotopbereiche spezialisierte Arten, etwa bei den Vögeln Goldammer und Dorngrasmücke als Differentialarten für Hecken und den Erlenzeisig als Charakterart erlengesäumter Bachläufe.) Wie aber vorne gezeigt werden konnte, besitzen diese Gehölzbestände der offenen Kulturlandschaft dennoch einen nicht zu unterschätzenden Wert für den Erhalt eines Restes ökologischer Vielfalt in der heutigen Kulturlandschaft, abseits der "spektakulären" Naturschutzobjekte.

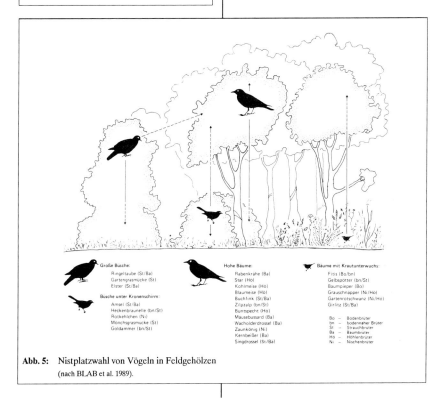

Abb. 5: Nistplatzwahl von Vögeln in Feldgehölzen (nach BLAB et al. 1989).

Um diese Aussage auch zahlenmäßig zu erhärten, soll hier ein Ergebnis zur Ressourcennutzung der Vögel in den Fluren des Drachenfelser Ländchens bei Bonn angeführt werden: Nach dieser Untersuchung ist - rein statistisch betrachtet - die Wahrscheinlichkeit, ein Vogelindividuum z.B. in einem zufällig ausgewählten kleinen Ausschnitt der Feldflur anzutreffen, im Sommerhalbjahr rund 80 mal und im Winterhalbjahr rund 30 mal höher, wenn dort eine Hecke wächst (BLAB et al. 1989). Allerdings muß bei solchen Rechnungen unbedingt berücksichtigt werden, daß die Abundanzen z.B. der in Hecken angetroffenen Vogelarten zumeist nur in Verbindung mit der Umgebung zu verstehen sind, welche i.d.R. als Nahrungshabitat dient und nicht dem gleichen Biotoptyp angehört.

Damit ist ein weiterer besonders wichtiger Bereich angesprochen, die Umgebungsnutzung, welche ganz entscheidend auch auf den ökologischen Wert der hier diskutierten Gehölzbestände zurückschlägt! Dieser Zusammenhang soll exemplarisch anhand der Autökologie zweier Spechtarten verdeutlicht werden:

Grünspecht und Wendehals waren noch vor 25-30 Jahren in Feldgehölzen, in Ufergehölzen, in Hecken mit Überhältern weit verbreitet, heute gilt dies nicht mehr in demselben Maße, obwohl geeignete Brutbäume in ausreichender Zahl oft nach wie vor verfügbar sind. Der Hauptgrund für den Rückgang dieser Arten liegt nämlich in einer drastischen Nahrungsverknappung, welche ihrerseits auf den Grünlandumbruch sowie - ebenso bzw. oft noch mehr - auf die Überdüngung von Wiesen und Rainen zurückzuführen ist. Denn Grünspecht und Wendehals sind spezialisierte Ameisenesser. Die von diesen Spechten bevorzugten Ameisenarten (v.a. die Gattung *Lasius*) erreichen ihrerseits wiederum im nicht oder nur schwach gedüngten Grasland hohe Nesterdichten und verschwinden entsprechend bei der heute gängigen Form der Grünlandbewirtschaftung aus den Wiesen. Und mit ihnen gehen die genannten Vogel-arten zurück.

4. Entwicklungsziele

Im folgenden werden (auf ökologischer Grundlage) einige Gestaltungs- und Entwicklungsziele für die hier diskutierten Biotopbereiche formuliert, soweit dies ohne den speziellen regionalen Bezug möglich ist.

4.1 Entwicklungsziele für Feldgehölze

Entwicklungsziel für Feldgehölze ist in vielen Landschaften weniger eine Vergrößerung der bestockten Fläche, da zusammenhängende Waldgebiete vielfach gut vertreten sind. Ziel ist es vielmehr, wenigstens in "ausgeräumten" Gebietsteilen einzelne isolierte Feldgehölze mittels Hecken- oder Baumzeilen an die Wälder anzubinden. Ein weiteres wichtiges Entwicklungsziel stellt die Förderung einheimischer Laubgehölze bei sukzessiver Beseitigung z.B. der Hybridpappeln dar.

Hinsichtlich der strukturellen Ausbildung der einzelnen Bestände gilt es nach den in Abschnitt zwei aufgezeigten Zusammenhängen, den Waldrandarten, den Doppelbiotopbewohnern und den Heckenarten, einschließlich der an krautige Strukturen gebundenen Arten "biotopfähige Bereiche" zu erhalten bzw. solche herzurichten. Anzustreben ist dabei ein gestufter Gehölzaufbau mit Gruppen hoher Bäume (auch Höhlenbäume) im Kernbereich und breiten, gestaffelten Waldsäumen mit umfangreichen Anteilen von Gebüschen und krautiger Vegetation. Wie die Abbildung 1 und 5 (idealisierend) zeigen, bietet ein solcherart strukturiertes Feldgehölz allen o.g. ökologischen Gruppen Fortpflanzungs- und Ernährungsbedingungen.

Besonders wichtig, da sie in der großflächig intensivierten Feldlandschaft weitgehend fehlen und auch in den Wirtschaftswäldern zunehmend zurückgedrängt werden, sind breite, möglichst gut durchsonnbare, magere und daher wildkraut- bzw. staudenreiche Bereiche mit Einzelbüschen in Angliederung an gestaffelte Waldsäume. Eine ähnliche Wirkung haben auch größere Lücken oder Lichtungen mit mehr oder weniger dichter Krautschicht im Inneren der Gehölze.

4.2 Entwicklungsziele für Hecken

Bei den in Hecken angetroffenen Arten handelt es sich vielfach überwiegend um relativ "ubiquitäre" Gehölzbewohner. Entscheidend für ihr Auftreten ist nicht selten lediglich das Strukturmerkmal Busch- und/oder Baumbewuchs sowie die Pflanzenarten.

Allerdings weisen mehrreihige, tiefer gestaffelte und dazu auch im Bodenbereich geschlossene Hecken und Gebüsche i.d.R. wesentlich höhere Tierarten-Abundanzen und auch ungleich mehr Brutreviere z.B. der Vögel auf als lichte, schmale Hecken (vgl.

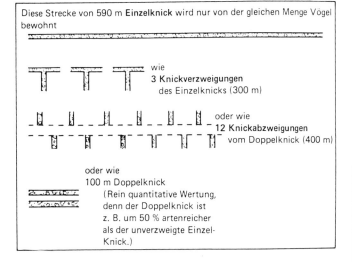

Diese Strecke von 590 m **Einzelknick** wird nur von der gleichen Menge Vögel bewohnt

wie
3 Knickverzweigungen
des Einzelknicks (300 m)

oder wie
12 Knickabzweigungen
vom Doppelknick (400 m)

oder wie
100 m Doppelknick
(Rein quantitative Wertung,
denn der Doppelknick ist
z. B. um 50 % artenreicher
als der unverzweigte Einzel-
Knick.)

Abb. 6:
Quantitative
Bedeutung
verschiedener
Knicktypen
für die Brutvo-
gelfauna

(nach PUCH-
STEIN 1980).

Abb. 6). Ähnliches gilt für die Nachweishäufigkeit z.B. von Reh und Hase.

Mit der Zunahme vertikaler Elemente (Bäume) in einem größeren Heckensystem wird das Artenspektrum erwartungsgemäß reicher, treten einzelne Arten überhaupt erst in "Hecken" auf (z.B. Mönch, Zilpzalp, Buchfink, Grauer Fliegenschnäpper, Eichhörnchen).

Sollen also nicht alleine die spezialisierten Heckenarten gefördert bzw. erhalten werden, sondern - z.B. in waldarmen Gegenden - auch ein Teil der ökologisch plastischeren Waldarten, so empfiehlt es sich, in ausgedehnten Heckensystemen zusätzlich einzelne größere und dabei auch breitere (mind. 10 m) Streifen mit alten Bäumen zu erhalten/anzulegen. Schmale Neuanpflanzungen können solche Funktionen nicht übernehmen. Soweit hohe Gehölze erhalten/herangezogen werden, ist dafür Sorge zu tragen, daß wenigstens vereinzelt Lücken im Bestand verbleiben, zur Förderung der Stauden und des Krautbestandes sowie der daran gebundenen Tierarten.

Entscheidend für Vorkommen, Abundanzen und Ressourcennutzung der "Hecken-Gehölzarten" im Untersuchungsgebiet sind neben der Struktur der

Heckenzeilen (Länge, Breite, Höhe, floristische Zusammensetzung) und der Heckendichte (in der Literatur wird ein "Idealwert" von 100 lfd.m Hecke pro ha angegeben) insbesondere die räumliche Anbindung der Heckenzüge an flächige Gehölzbestände. Wie z.B. anhand einer Studie zur Biotopnutzung und Raumeinbindung von Säugetieren und Vögeln im Drachenfelser Ländchen bei Bonn gezeigt wurde (BLAB et al. 1989), gelten dabei folgende Gesetzmäßigkeiten:

- In der Nähe von Flächen mit hohen Holzstrukturen ist die Vogeldichte größer, selbst wenn die Hecke relativ spärlich und niedrig ist. Ähnliches gilt für viele Säugetierarten (z.B. Rötelmaus). Auch mit zunehmender Heckendichte läßt sich ein Anwachsen der Artendichte und Individuenzahlen feststellen. Wichtig wird damit auch die Netzdichte, der "Biotopverbund".

- In den waldnahen Enden von Heckenzügen halten sich mehr Vögel auf als in den waldfernen.

- An Hecken"knoten", also dort, wo zwei Hecken kreuzen, ist die Vogelwelt reicher, zudem treten hier auch einzelne "Wald-Säugetierarten" (z.B. Gelbhalsmaus) gehäufter auf (vgl. auch Abb. 6).

- Wird eine Hecke von einem feuchten oder nassen Graben begleitet, so steigen die Vogelabundanzen und ebenso die Abundanzen einiger Säugerarten (Erdmaus, Kurzohrmaus, Hermelin).

- Von großem Vorteil sowohl für die Artenzahlen wie auch für die Abundanzen ist außerdem eine nur extensive landwirtschaftliche Bodennutzung auf den benachbarten Feldern und Wiesen. Da die Ansprüche der einzelnen Säugetier- und Vogelarten an den floristischen und strukturellen Aufbau der Hecken z.T. erheblich differieren, ist planerisch darauf hinzuwirken, daß innerhalb eines "Heckenverbund-Systems" mehrere verschiedene Heckentypen (Niederhecken, Baumhecken usw.) nebeneinander realisiert sind.

4.3 Entwicklungsziele für Bachgehölze

In vielen Landschaften wirken die Bäche mit ihren Gehölzsäumen gleichsam wie "Lebensadern" innerhalb der intensiv landwirtschaftlich genutzten Flächen. Zudem werden sie - mittels ihrer Begleitgehölze - nicht selten zu Brücken und Verbindungslinien ·zwischen den Wäldern und Siedlungen usw. Entsprechend ist darauf hinzuwirken, daß sie als weitgehend kontinuierliche Bänder erhalten bzw. dazu entwickelt werden. Über jeweils kleinere Strekken ist jedoch ein geschlossener Baumbewuchs zu unterbinden, weil er stark beschattet und daher die, für viele Tierarten wichtige, krautige Vegetation unterdrücken würde.

Es ist anzustreben, den Aufbau der Bachsaumvegetation dem Kräftespiel der Natur zu überlassen. Dies führt zur Etablierung standortgemäßer Weichhölzer. In ihrer Vertikalstruktur sollten die Gehölzbestände sehr unterschiedliche Höhen aufweisen (hier gilt im Prinzip das bei den Hecken Gesagte). Abschnittsweise sollten die Bachgehölze auch eine größere Breite (ca. 20 m und mehr) be- bzw. erhalten. Wichtig sind solche "waldartigen" Ausbildungen z.B. für Rotkehlchen und Zaunkönig, welche nur ausnahmsweise in schmaleren Baumstreifen brüten, für die Gelbhalsmaus u.v.a.m.

Literatur

- BLAB, J., 1988: Möglichkeiten und Probleme einer Biotopgliederung als Grundlage für die Erfassung von Zoozönosen. - Mitt. bad. Landesver. Naturkunde u. Naturschutz N.F. 14 (3): 567 - 575.

- BLAB, J., 1989: Grundlagen des Biotopschutzes für Tiere. - Schr.R. Landschaftspflege und Naturschutz, H. 24:1 - 257. 3. Aufl., Kilda, Greven.

- BLAB, J., T. RUCKSTUHL, T. ESCHE & R. HOLZBERGER, 1987: Aktion Schmetterling: 1 - 191. Otto Maier, Ravensburg.

- BLAB, J., A. TERHARDT & K.P. ZSIVANOVITS, 1989: Tierwelt in der Zivilisationslandschaft. - Teil I: Raumeinbindung und Biotopnutzung bei Säugetieren und Vögeln im Drachenfelser Ländchen. - Schr.R. Landschaftspflege und Naturschutz, H. 30: 1 - 223. Kilda, Greven.

- PUCHSTEIN, K., 1980: Zur Vogelwelt der schleswig-holsteinischen Knicklandschaft mit einer ornitho-ökologischen Bewertung der Knickstrukturen. - Corax 8: 62 - 106.

- ROTTER, M. & G. KNEITZ, 1977: Die Fauna der Hecken und Feldgehölze und ihre Beziehung zur umgebenden Agrarlandschaft. - Waldhygiene Bd. 12, H. 1 - 3: 1 - 82.

- THIELE, H.-U., 1964: Ökologische Untersuchungen an bodenbewohnenden Coleopteren einer Heckenlandschaft. - Zeitschr. Morph. Ökol. Tiere 53, 537 - 586.

- TISCHLER, W., 1948: Biozönotische Untersuchungen an Wallhecken Schleswig-Holsteins. - Zool. Jb. Abt. System. - Ökolog. und Geogr. 77, 283 - 400.

- TISCHLER, W., 1965: Agrarökologie, Jena.

- WOLF-STRAUB, R., 1984: Saumbiotope. Charakteristik, Bedeutung, Gefährdung, Schutz. - Mitt. d. LÖLF. NRW 9 (1): 33 - 36.

Dr. Josef Blab
Bundesforschungsanstalt für
Naturschutz und Landschaftsökologie
- Arbeitsgebiet Biotopschutz -
Konstantinstraße 110
5300 Bonn 2

Bedeutung der Hecken im Agrarökosystem

Prof. Dr. Norbert Knauer
Institut für
Wasserwirtschaft und Landschaftsökologie der
Christian Albrechts Universität Kiel

1. Agrarökosysteme werden vom wirtschaftenden Menschen geregelt

Die in der Landschaft vorkommenden Lebewesen bilden zusammen mit den unbelebten natürlichen und den vom Menschen geschaffenen Bestandteilen ein Wirkungsgefüge. Solche Wirkungsgefüge kann man als Ökosysteme betrachten. Auch die landwirtschaftlich genutzten Areale bilden solche Ökosysteme. Die Stabilität der natürlichen Ökosysteme wird durch spontan stattfindende Regelungen gesichert, etwa solche zwischen den Pflanzen als Primärproduzenten und den verschiedenen Tierarten als Konsumenten. In den Agrarökosystemen und auch in anderen Nutzökosystemen übernimmt der wirtschaftende Mensch die Funktion als Systemregler. Bei der Regelung verschiedener Funktionen verfolgt der als Regler fungierende Landwirt als Führungsgröße oft den am Produktionsstandort erzielbaren Höchstertrag und er versucht die für die Ertragsbildung im Laufe der Wachstumszeit bedeutenden Einflußfaktoren so zu beeinflussen, daß die angestrebte hohe Ertrag erzielbar ist. Wirtschaftlich denkend Will der das Ökosystem regelnde Landwirt von der einzelnen Fläche einen möglichst hohen Deckungsbeitrag der Bodennutzung als Teil des Betriebsein-

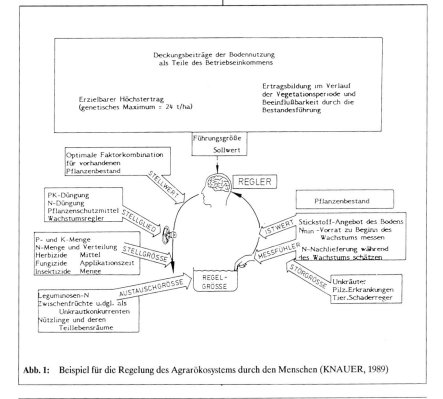

Abb. 1: Beispiel für die Regelung des Agrarökosystems durch den Menschen (KNAUER, 1989)

kommens. In der Abb. 1 sind die wichtigsten Faktoren aufgeführt, die vom "Regler Landwirt" wahrgenommen werden.

Dabei ist zu erkennen, daß zur Regelung der Prozesse neben mechanischen vor allem chemische Mittel eingesetzt werden und biologische Regelmechanismen von geringerer Bedeutung zu sein scheinen, weshalb sie in dieser Darstellung unter dem Begriff Austauschgrößen aufgeführt sind. Hier muß noch ergänzend hervorgehoben werden, daß der Mensch

Bedeutende Teilentscheidungen fallen schon in der Phase der Saatvorbereitung, etwa die Entscheidung über die Eingliederung in die Fruchtfolge. Die wichtigsten Regelungen im Agrarökosystem betreffen seit jeher den quantitativen Nährstoffausgleich und den Pflanzenschutz. Das Produktionssystem ist ausschließlich auf die Kulturpflanzen als Zielgröße ausgerichtet. Obwohl nicht alle Systemgrößen kontrollierbar sind, spielen bei den Überlegungen zur Steuerung des Produktionsprozesses ökologische Merkmale kaum eine Rolle. Fehlerhafte Regelun-

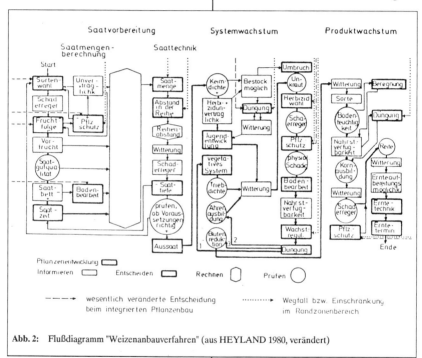

Abb. 2: Flußdiagramm "Weizenanbauverfahren" (aus HEYLAND 1980, verändert)

als Regler von Agrarökosystemen von Werten und Normen beeinflußt und in der Effizienz der Regelungen vom Wissen und Können begrenzt wird. Zu diesem Wissen und Können gehören vor allem die detaillierten Kenntnisse über die Beeinflußbarkeit einzelner Produktionsverfahren. In einem Flußdiagramm, wie es in der Abb. 2 für den Weizenanbau aufgezeichnet ist, wird die Fülle der benötigten Informationen und die verschiedenen nacheinander folgenden Entscheidungsschritte sichtbar, die der Landwirt als Ökosystemregler zu treffen hat.

gen, etwa Überdüngung, Ausbringung der Düngung zur falschen Zeit oder Einsatz von Pflanzenschutzmitteln mit nachteiligen Nebenwirkungen auf andere Organismen, führen zu Störungen der ökologischen Wirkungsbeziehungen und können andere Naturpotentiale belasten. Kritisch sind vor allem solche Maßnahmen zu bewerten, die natürliche Gegenspieler von Schaderregern sowie Blütenbestäubern und für den Stoffwechsel im Boden wichtige Bodenorganismen nachhaltig schädigen. Wenn im Weizenanbauverfahren auch ökologische Parameter berücksichtigt werden sollen, dann sind nicht nur einzelne Maßnahmen des Pflanzenschutzes und der Düngung sowie des Einsatzes von Wachstumsregulatoren anders zu bewerten und zu gestalten, sondern es sind auch Entscheidungen der Sortenwahl, der Fruchtfolge und der Bodenbearbeitung betroffen.

2. Hecken als typische Saumbiotope der Agrarlandschaft

Als Landschaftselement sind Hecken ein bandartiges Landschaftselement, welches vom Menschen aus Sträuchern mit hohen Regenerationsvermögen geschaffen wurde, in welchem Bäume als Überhälter vorkommen und wo sich insbesondere bei Anlagen auf Erdwällen eine deutlich zonierte Bodenvegetation entwickeln kann. Für die von den wirtschaftenden Menschen angelegten Hecken wurden in den meisten Fällen Gehölze der natürlichen Waldrandvegetation verwendet. In vielen Landschaften sind Hecken auch spontan entstanden, etwa auf Steinriegeln, die zwischen zwei Feldern aus Lesesteinen entstanden sind. Spontan haben sich Hecken auch entlang von alten Feldwegen oder an Böschungen entwickelt.

Die spontan entstandenen, aber auch die meisten vom Menschen gepflanzten Hecken unterscheiden sich in der floristischen Zusammensetzung der Gehölzarten. Wo, wie in Schleswig-Holstein, zur Zeit der Heckenanlage vor 200 Jahren kaum Baumschulpflanzgut zur Verfügung stand, griff man auf Pflan-

zen der Waldränder zurück. Die Hecken dieser Landschaften sind damit zum Geschichtsbuch der Waldrandflora geworden. WEBER (1967) hat für die Jungmoränenlandschaft Schleswig-Holsteins 16 floristisch verschiedene Heckentypen beschrieben und für die Altmoränen-Sandergebiete 18 verschiedene Typen. Die Standorte der meisten Saumbiotope der Agrarlandschaft sind auch bei der Änderung der Bewirtschaftungsintensität relativ unverändert geblieben. Hier haben daher eine ganze Reihe von Pflanzenarten überdauert, die heute auf den Roten Listen gefährdeter Pflanzenarten stehen.

3. Bedeutung von Hecken für Einzelentscheidungen des Reglers Landwirt

Im Agrarökosystem stehen wie in anderen terrestrischen Ökosystemen in einer bestimmten abiotischen Umwelt die Produzenten, Konsumenten und Zersetzer in einer wechselseitigen Abhängigkeit. Zu den Produzenten zählen als erwünschte Mitglieder die Kulturpflanzen, als unerwünschte Mitglieder die Unkräuter, und als meistens nicht beachtete und oft auch nicht zum Agrarökosystem gezählte Mitglieder die verschiedenen zwischen den Feldern vorkommenden Landschaftselemente. Als Konsumenten stehen die landwirtschaftlichen Nutztiere im Mittelpunkt, unerwünscht sind pflanzenfressende wildlebende Arten, die als Schädlinge vorkommen, im allgemeinen geduldet werden wildlebende an oder von Pflanzen lebende Arten mit geringer Schadenswir-

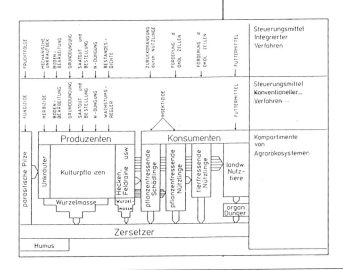

Abb. 3:
Zur Regelung in Agrarökosysteme eingeführte Steuerungsmittel

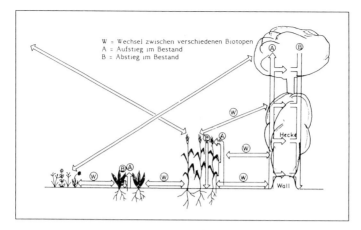

W = Wechsel zwischen verschiedenen Biotopen
A = Aufstieg im Bestand
B = Abstieg im Bestand

Abb. 4:
Wanderbe-
wegungen
der Acker-
fauna
(KNAUER
1988)

kung und geduldet, manchmal auch gefördert, werden die als Nützlinge bezeichneten Gegenspieler von Schädlingen. Die Zersetzer werden meistens als natürlich im oder auf dem Boden vorkommend angesehen und auf ihre Erhaltung oder auch Förderung wird bei der organischen Düngung sowie durch verschiedene strukturfördernde Maßnahmen der Bodenbearbeitung zumindest teilweise geachtet.

Zur Regelung bestimmter Prozesse werden in das Agrarökosystem verschiedene Steuerungsmittel eingeführt, die in der Abb. 3 für "konventionelle Verfahren" aufgeführt sind.

Hecken oder andere Saumbiotope oder auch einzelne Inselbiotope übernehmen hierbei keinerlei gezielte Funktion. Erst im Verfahren des "Integrierten Pflanzenbaues" erlangen die ökologischen Zellen bzw. das ökologische Verbundsystem für bestimmte Systemregelungen eine so große Bedeutung, daß die ökologischen Zellen einer besonderen Pflege bedürfen.

Als "Integrierter Pflanzenbau" wird eine landwirtschaftliche Bodennutzung bezeichnet, bei der zur Regelung der im Agrarökosystem ablaufenden Prozesse zunächst alle standorttypischen natürlichen Regelungsmechanismen gefördert und ausgenutzt werden. Der Integrierte Pflanzenbau bietet die Möglichkeit, die Anwendung von Pflanzenschutzmitteln auf landwirtschaftlich genutzten Flächen zu vermindern. Solcherart geregelte Agrarökosysteme sind ökologisch zu begrüßen. Hier können die Lebensbedingungen für wildwachsende Pflanzen und wildlebende Tierarten sowohl auf den Kulturflächen

selbst, als auch im Bereich der vielen verschiedenen Saumbiotope der Agrarlandschaft deutlich verbessert werden.

Die erwähnten Saumbiotope, insbesondere die Hecken, bilden in der Agrarlandschaft das Biotopverbundsystem, und im Agrarökosystem wirken sie für viele Tierarten als wichtiger Teillebensraum. Viele Tierarten führen regelmäßige Wanderbewegungen zwischen landwirtschaftlich genutzten Flächen und verschieden ausgeprägten Saumbiotopen, insbesondere Hecken, aus. Zu beobachten sind einerseits tageszeitliche Wanderungen zwischen Hecke und Feld oder innerhalb der Hecken- bzw. der Feldvegetation der Aufstieg in die oberen Bestandsschichten und der Abstieg in die Streu oder bis in den Boden, und andererseits jahreszeitliche Wanderbewegungen. In der Abbildung 4 sind solche Beziehungen schematisch als Wanderbewegungen der Ackerfauna abgebildet. Hier ist zu erkennen, daß es eine Fülle von Verbindungen gibt.

Wir haben bei der Bewertung der Heckenbedeutung also ein räumliches Verteilungsmuster zu berücksichtigen. Die verschiedenen Wanderbewegungen kann man, wie in der Abbildung 5 geschehen, zu Gruppen zusammenfassen. Dabei erkennt man vor allem, daß Hecken für die Feldbewohner ein vielfältiger Teillebensraum sind. Man kann aber auch Beziehungen zwischen Heckenbewohnern und benachbarten Feldern erkennen.

Die in Schleswig-Holstein vorkommenden Hecken wurden nahezu überall auf Erdwällen angelegt und sie werden hier als Knick bezeichnet. Viele dieser

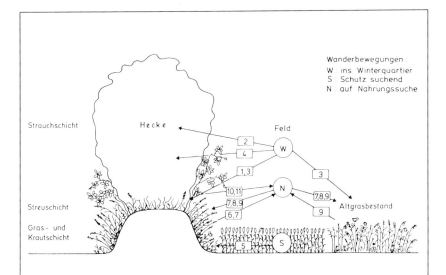

Abb. 5:   Wanderbewegungen von Tieren zwischen Feld, Hecke und Altgrasbestand

1-9: Feldbewohner, die in der Streuschicht (1), an Bäumen und Sträuchern (2), in der Streuschicht und an Gräsern (3) überwintern, die als Parasiten in der Hecke Winterwirte finden (4), die vorübergehend in der Hecke Schutz suchen (5), denen die Hecke die Aktivitätszeit verlängert (6), die im Frühjahr und im Herbst in/an der Hecke oder im Altgrasbestand Nahrung finden (7), die bei Nahrungsmangel auf dem Feld in die Hecke oder in den Altgrasbestand wandern (8), deren Imagines Blüten als Nahrung benötigen (9).
10-11: Heckenbewohner, die Streifzüge ins Feld unternehmen (10), die Nahrung vor allem außerhalb der Hecke suchen (11)

Knicks werden auch als "bunter Knick" beschrieben. Damit wird zum Ausdruck gebracht, daß an der Strauch- und Baumvegetation verschiedene Arten beteiligt sind, meistens mehr als fünf. Da sich die verschiedenen Straucharten auch in der Struktur des Holzaufbaues unterscheiden sowie in der Wuchsgeschwindigkeit und in der Wuchshöhe usw., haben die artenreichen Hecken nahezu immer eine große Heterogenität im Erscheinungsbild, aber auch im Angebot an Nutzmöglichkeiten durch die verschiedenen Tierarten. In der Abb. 6 ist oben eine Seitenansicht, in der Mitte eine Draufsicht und unten die Verzweigungsstruktur von vier verschiedenen Heckengehölzen wiedergegeben.

Die Abb. 6 macht deutlich, daß wir es bei den Hecken schon wegen der differenzierten Struktur mit komplizierten ökologischen Systemen zu tun haben. Dabei wird hier die zeitliche Entwicklung von Flora und Fauna, der Aufbau der unterschiedlichen

Blattstruktur, der Blüten- und Fruchtmasse usw. noch außeracht gelassen.

Bekannt ist die Bedeutung von Hecken für den Windschutz in Gegenden mit leichten Böden wie auf der Geest in Schleswig-Holstein. Hier wurde ein Heckennetz schon im vorigen Jahrhundert aufgebaut und Mitte dieses Jahrhunderts wurden Richtlinien für Windschutzanlagen publiziert. Dort findet man die Empfehlung, mindestens sechs verschiedene Gehölzarten anzupflanzen und auf eine funktional richtige Verteilung von hochwachsenden Gehölzen und Unterwuchs zu achten (DICKMANN et. al. 1949).

Windschutzanlagen sollen den Wind nicht blockieren, sondern so weit bremsend abschwächen, daß er seine erosive Wirkung und seine auf bestimmte Pflanzenarten schädigende Wirkung verliert. Die nachgewiesene Erhöhung der Taubildung, der Niederschlagsmenge und der Bodenfeuchte sowie die Verringerung der Verdunstung im Windschattenbe-

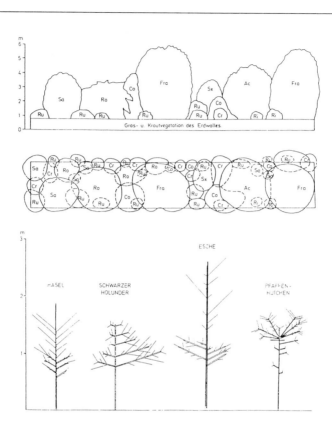

Abb. 6: Strukturen von typischen Wallhecken Schleswig-Holsteins

Oben: Seitenansicht.
Mitte: Draufsicht.
Unten: Verzweigungsstruktur
Ac: Acer pseudoplatanus; Co: Corylus avellana; Cr: Crataegus monogyna; Fra: Fraxinus excelsior; Ro: Rosa canina; Ru: Rubus idaeus;
Sa: Sambucus nigra; Sx: Salix aurita.

reich wird auf bestimmten Standorten als Negativwirkung der Hecken bewertet und ist eine weitere Ursache für die Forderung nach erheblicher Winddurchlässigkeit von Hecken.

In der älteren Literatur ist häufiger eine positive Wirkung von Windschutzstreifen auf den Ertrag der Kulturpflanzen aufgeführt als in der jüngeren Literatur. Das hängt primär damit zusammen, daß die Windschutzversuche der Vergangenheit meistens auf Standorten mit einem Windschutzbedarf durchgeführt wurden. Standorte mit besseren Böden

wurden erst in den letzten Jahren häufiger in solche Untersuchungen einbezogen und hier kommt man eher zu insgesamt geringen Wirkungen auf den Pflanzenertrag.

Für die Bewertung der Heckenwirkung auf den Kulturpflanzenertrag kommt der Art der Heckenanlage eine nennenswerte Bedeutung zu. Bei Hecken, die zu ebener Erde angepflanzt wurden, kann man flach streichende Wurzeln noch in nennenswerter Entfernung von der Hecke in der Ackerkrume bzw. dem unmittelbar daran anschließenden Unterboden antreffen, während bei Hecken, die auf einen zwei bis drei Meter breiten und einen Meter hohen Erdwall wachsen, wie die Knicks in Schleswig-Holstein, im angrenzenden Acker kaum Gehölzwurzeln anzutreffen sind.

Gelegentlich wird über stark ertragssenkende Einflüsse von Heckengehölzen berichtet und es wird darauf hingewiesen, daß die Hecken gleiche negative Wirkungen wie die Waldränder haben. Sieht man sich die als Hecken bezeichneten Gehölzstreifen jedoch genauer an, dann erfährt man nicht selten, daß es sich hier um Gehölze mit mehr als 8 m Höhe handelt, also eher um gelegentlich niederwaldartig bewirtschaftete Baumreihen als um Hecken. Solche Gehölzstreifen stehen dann den Waldrändern schon näher und können durchaus eine ähnliche Wirkung entfalten.

Mit der Abb. 7 geben wir ein Beispiel für den Einfluß von artenreichen Wallhecken auf die Ertragsstruktur von Weizenpflanzen. Um die Analyse von möglichst vielen Umwelteinflüssen, die nichts mit der Hecke und ihrer Nah- bzw. Fernwirkung zu tun haben, frei zu bekommen, wurden die Weizenpflanzen in größeren Gefäßen angezogen und in den normalen Weizenbestand eingebracht. Zur möglichst

freien Entwicklung der Wurzeln wurde aus den Gefäßen der Boden entfernt.

Die Abb. 7 zeigt oben links eine deutliche Verringerung der Sproß- und der Wurzelmasse, wenn die Gefäße im Ein-Meter-Abstand zur Hecke in den Bestand installiert wurden. Die Unterschiede zwischen den Abständen 5 und 60 Meter liegen innerhalb der Fehlergrenze. Unten rechts ist der Kornertrag je Gefäß dargestellt. Im Abstand 1 m neben der Wallhecke ist ein starker Minderertrag zu beobachten, die Gefäße bei 5 und bei 60 Meter erbrachten gleich hohe Erträge bei gleich niedriger Variabilität zwischen den verschiedenen Wiederholungen. Unten links ist das 1000-Korngewicht aufgezeichnet. Bei 1 m Entfernung zur Hecke waren die Körner deutlich kleiner und das 1000-Korngewicht stieg bis zur Feldmitte leicht an. Schließlich ist oben rechts die Anzahl der ausgebildeten Ähren je Gefäß wiedergegeben. Der kleinste Wert wurde 1 m neben der Hecke, der größte Wert schon 5 m neben der Hecke bestimmt.

Will man ermitteln, ob und in welchem Ausmaß Hecken den Ertrag benachbarter Kulturpflanzen beeinflussen, dann darf man dazu nicht die Feldmitte als Referenzparzelle heranziehen, sondern muß ein Vergleichsfeld ohne Heckenbegrenzung benut-

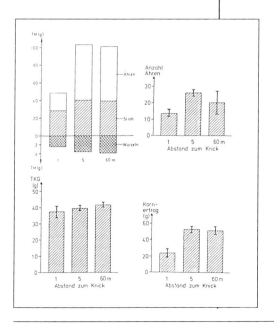

Abb. 7:
Wirkung von Hecken auf die Ertragsstruktur von Winterweizen

(nach MARXEN-DREWES 1987)

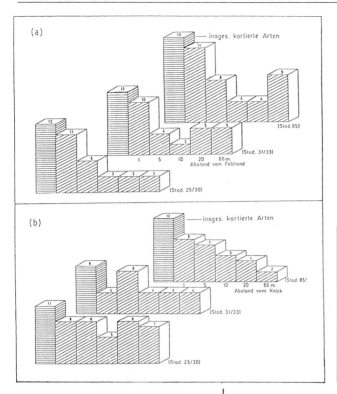

(a) — insges. kartierte Arten

(b) — insges. kartierte Arten

Abb. 8: Anzahl von Unkrautarten in Weizenbeständen ohne (a) bzw. mit (b) Heckenbegrenzung zu unterschiedlichen Entwicklungszeiten der Weizenpflanzen und in unterschiedlichen Entfernungen zur Hecke

(MARXEN-DREWES 1987)

zen. Der Grund für diese Forderung liegt ganz einfach darin, daß auch Felder ohne Heckenbegrenzung im Randbereich meßbar niedrigere Teilerträge erbringen als in der Feldmitte. In unseren Kieler Untersuchungen wurde als Referenzfeld immer ein Feld ohne Heckenbegrenzung herangezogen und dabei zeigte sich, daß bei Winterweizen und Wintergerste die Felder ohne Wallhecke im Mittel aller Untersuchungen zwar einen gering niedrigeren Kornertrag brachten, daß aber in Einzeljahren und bei einzelnen Vergleichen gleich hohe Erträge entstanden sind (MARXEN-DREWES 1987). Diese Ergebnisse berechtigen dann zu der Aussage, daß Hecken auf besseren Böden im allgemeinen zwar leicht ertragssenkend wirken, sich in einzelnen Jahren aber auch ertragsneutral verhalten. Bei der Untersuchung von Winterrapsfeldern erhielten wir entweder gleich hohe oder auf den von Hecken umgrenzten Feldern etwas höhere Kornerträge.

Die Wirkung von Hecken auf die Segetalflora ist entgegen einer früher häufiger geäußerten Annahme gering. Der Abb. 8 kann man entnehmen, daß auf Weizenfeldern mit Heckenbegrenzung im allgemeinen weniger Unkrautarten wuchsen als auf den Vergleichsfeldern. Aus dieser Abbildung kann man auch die Entwicklung der Unkrautarten im Laufe der Weizenentwicklung, sowie den Einfluß von Hecken bzw. Feldrändern ohne Hecke auf die Unkrautzahl in verschiedenen Abständen vom Feldrand erkennen.

Von Hecken gehen Wirkungen auf das benachbarte Mikroklima aus und damit auf die Bodenfeuchtigkeit und die Bodentemperatur. Der Laubfall sowie der Abfall aus Astmaterial und Früchten bedingt einen regelmäßigen Nährstoffeintrag in den heckennahen Ackerbereich. In der 1-m-Zone haben wir 2,6 g N je qm gemessen und in 5 m Entfernung zur Hecke noch 1 g je qm (SCHRÖDER 1988). Außerdem fand auch, wenn auch nur in geringer Menge, ein Eintrag an Phosphat und Kalium statt. Als Wirkungen auf den Boden wurde eine Erhöhung der Biomasse, eine Erhöhung von Anzahl und Gesamtgewicht der Regenwürmer sowie eine Erhöhung der Dehydrogenase- und Katalasewerte gemessen (TRAUTZ 1988).

Die Wirkung von Hecken auf die Zoozönose ist vielfältig und darüber liegen viele Veröffentlichungen vor. Die einzelnen Untersuchungen zeigen eine deutlich positive Wirkung von Hecken auf verschiedene Arten der Insektenfauna, wobei besonders die als Nützlinge bezeichneten Gegenspieler von Schadenerregern gefördert werden. Von großer Bedeutung sind die Hecken u.a. für Läufkäfer, bei denen sich z.B. mit Streifenfallen oder mit markierten Tieren sehr deutlich die Förderung der Populationsdichte durch benachbarte Hecken nachweisen läßt. Aber auch andere Gegenspieler von Schädlingen nutzen den Teillebensraum Hecke, und hier werden schließlich sogar die Populationen verschiedener tierischer Schadenerreger, wie etwa der Getreideblattläuse, schon sehr früh so weit herabgeregelt, daß diese beim späteren Eindringen in die benachbarten Getreidefelder nur Dichten unterhalb der wirtschaftlichen Schadensschwelle erreichen und daher nicht mehr mit Insektiziden bekämpft werden müssen.

Im Agrarökosystem haben Hecken, wie die Abb. 9 schematisch wiedergibt, auch eine erhebliche Bedeutung als Filterelement.

Die Hecken filtern einerseits Stoffe aus dem Luftraum, z.B. auch Unkrautsamen und verhindern damit deren weitere Verbreitung. Sie fungieren andererseits aber auch als Barriere im Erosionsstrom

und haben insbesondere bei der Ausbildung als Wallhecke eine große Effektivität.

Auf die sehr große Bedeutung von Hecken für die Avifauna und die notwendige Ergänzung von Hecken durch samenausbildende Altgrasbestände sei hier nur noch am Rande hingewiesen.

4. Anforderungen an ein Heckenverbundsystem

Allgemein gültige Normen für Heckensysteme gibt es nicht. Es lassen sich bestenfalls für einzelne Landschaften auf der Basis von Einzeluntersuchungen Empfehlungen für ein zweckmäßiges Verbundsystem aus Hecken und anderen Saumbiotopen entwickeln. Auf dieser Basis kann man z.B. Heckendichten von nur 5 bis 20 lfd. Meter je ha für die Ackerböden, von 50 bis 80 lfd. Meter je ha für das Ostholsteinische Hügelland, von 60 bis 80 lfd. Meter für einige Mittelgebirgslandschaften und von wenigstens 80 lfd. Meter für die winderosionsgefährdeten Sandböden der Geest- und Heidelandschaft empfehlen. Aus den vielen Untersuchungen über Einwanderungstiefen und Rückwanderungswege verschiedener und wichtiger Mitglieder der Agrarfauna kann man als maximale zulässige Abstände zwischen funktional miteinander in Beziehung stehenden Hecken Werte zwischen 100 und 200 Metern annehmen. Für Läufkäfer sind Abstände von weniger als 100 Meter optimal. Bei größeren Abständen wird die Feldmitte nicht mehr optimal besiedelt. Als anzustrebende Breiten für vom Menschen gepflanzte und artenreiche Hecken können je nach Bodenqualität 2 bis 5 Meter angesetzt werden. Zur Ergänzung im

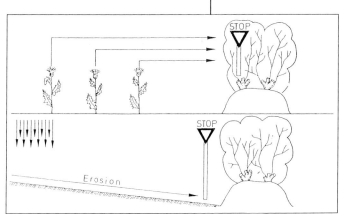

Abb. 9:
Hecken als
Filter

Biotopverbund sollten in der Agrarlandschaft Feldgehölze in der Minimaldimension von 1000 m und mit wenigstens einem Feldgehölz je 10 Hektar vorhanden sein und der maximale Abstand zwischen den Feldgehölzen sollte nicht größer sein als 500 bis 1000 Meter. Als weitere Ergänzung sind Feld- und Wegraine von wenigstens 1 m Breite mit einer Raindichte zwischen 20 und 80 lfd. Meter je Hektar erstrebenswert und deren ungestörte Entwicklung über die Blütezeit hinaus. Da Hecken neben der allgemein ökologischen Bedeutung und der Funktion der Landschaftsgliederung auch eine agrarökologische Bedeutung haben und somit in die Agrarnutzung zu integrieren sind, muß die geforderte Heckendichte auch Einzelfeldformen und -größen in maschinengerechter Dimension zulassen. Bei einer Heckendichte von 80 lfd. Meter je Hektar sind immer noch Felder bis zu 8 Hektar Größe möglich und auch technikgerechte Längen-/Breiten-Verhältnisse der Felder. Die von der Landwirtschaft gestellte Forderung nach ungestörtem Technikeinsatz ist damit auch in einer Heckenlandschaft erfüllbar.

Obwohl ein Biotopverbundsystem mit Bedeutung für den integrierten Pflanzenbau nicht unbedingt als Heckensystem aufgebaut sein muß, sollte den Hecken doch eine große Bedeutung eingeräumt werden. Kein anderes Strukturelement der Kulturlandschaft erbringt so vielfältige Leistungen und wirkt vor allem so stark ökologisch stabilisierend wie unsere Hecken, vorausgesetzt sie werden von Belastungen frei gehalten, unter denen sie sonst nahezu ebenso stark leiden wie andere naturnahe Landschaftselemente. Konfliktfrei können sich Hecken nur entwickeln, wenn sie nicht nur frei von Belastungen bleiben, sondern auch, wenn sie regelmäßig die heckentypische Pflege erfahren, was in der Mehrzahl der Fälle niederwaldartige Nutzung in Abständen von sieben bis zwölf Jahren bedeutet.

In Schleswig-Holstein zählt die Pflege vorhandener Hecken zur normalen Tätigkeit von Landwirten; das sollte auch anderswo zur Regel werden. Für die Neuanlage allerdings, die mit erheblichen Kosten verbunden ist, muß eine längerfristige Hilfestellung gegeben werden. Die Neuanlage von Hecken und die Anfangspflege kann daher zu den ökologischen Leistungen gezählt werden, die von der Landwirtschaft freiwillig und gegen Honorierung erbracht werden kann und sollte. Für die Honorierung (KNAUER 1988) können die gleichen Prinzipien Anwendung finden wie für andere ökologische Leistungen, wobei die Honorarhöhe auch vom Grad der ökologischen Zielerfüllung abhängig sein wird.

Literaturverzeichnis

● DICKMANN, P., D. JENSEN, R. STRUVE, RICKERTSEN und IWERSEN, 1949: Merkblatt - Richtlinien für Windschutzmaßnahmen in Schleswig-Holstein. Schleswig-Holsteinische Landpost Nr. 47.

● HEYLAND, K.-U., 1980: Das Weizenanbauverfahren dargestellt als auf der Basis der Einzelpflanzenentwicklung aufgebautes Flußdiagramm. KALI-BRIEFE 15, 99 - 108.

● KNAUER, N., 1985: Landschaftsökologische Folgen des modernen Pflanzenbaues. Landesausschuß für landwirtschaftliche Forschung, Erziehung und Wirtschaftsberatung beim Ministerium für Umwelt, Raumordnung und Landwirtschaft des Landes Nordrhein-Westfalen: Forschung und Beratung Reihe C, Heft 42, 37 - 52.

● KNAUER, N., 1988: Ackerschonstreifen und Hecken als Kompensationsbereich im Agrarökosystem. Mitt. aus der Biolog. Bundesanstalt für Land- und Forstwirtschaft Berlin-Dahlem, Heft 247, 147 - 162.

● KNAUER, N., 1988: Strukturelemente in der Agrarlandschaft - Art, Verteilung, Wirkungen sowie Empfehlungen für Neuanlage und Pflege. Fördergemeinschaft Integrierter Pflanzenbau, Heft 4: Naturschutz und Landwirtschaft, 45 - 57.

● KNAUER, N., 1988: Katalog zur Bewertung und Honorierung ökologischer Leistungen der Landwirtschaft. VDLUFA-Schriftenreihe 28, 1241 - 1262.

● KNAUER, N., 1989: Ökologische Rahmenbedingungen für die pflanzliche Produktion und den Umgang mit der nicht mehr landwirtschaftlich genutzten Fläche. Pflanzenschutz-Nachrichten BAYER 42, 26 - 37.

● KNAUER, N. und H. SCHRÖDER, 1988: Bedeutung von Hecken im Agrarökosystem. Schriftenreihe des Bundesministers für Ernährung, Landwirtschaft und Forsten, Heft 365, 3 - 29.

● MARXEN-DREWES, H., 1987: Kulturpflanzenentwicklung, Ertragsstruktur, Segetalflora und Arthropodenbesiedlung intensiv bewirtschafteter Äcker im Einflußbereich von Wallhecken. Schriftenreihe des Inst. f. Wasserwirtschaft und Landschaftsökologie der Christian-Albrechts-Universität Kiel.

● SCHRÖDER, H., 1988: Primärproduktion von Gehölzpflanzen in Wallhecken vom Schlehen-Haseltyp, Bedeutung solcher Hecken für Vögel und Arthropoden sowie einige Pflanzennährstoffbeziehungen zum angrenzenden intensiv bewirtschafteten Feld. Schriftenreihe des Inst. f. Wasserwirtschaft und Landschaftsökologie der Christian-Albrechts-Universität Kiel.

● TRAUTZ, D., 1988: Einfluß von Wallhecken auf bodenphysikalische, -chemische und -biologische Parameter angrenzender, im Leerbereich liegender, intensiv bewirtschafteter Ackerflächen. Schriftenreihe des Inst. f. Wasserwirtschaft und Landschaftsökologie der Christian-Albrechts-Universität Kiel.

● WEBER, H., Über die Vegetation der Knicks in Schleswig-Holstein. Mitt. d. Arb.Gem. für Floristik in Schleswig-Holstein und Hamburg, Heft 15.

Prof. Dr. Norbert Knauer
Institut für
Wasserwirtschaft und Landschaftsökologie
Universität Kiel
Jetzt: Buschbergstr. 8
2300 Kiel 17

Unimog
in der Landschaftspflege
Hecken und Feldgehölze
bieten vielfältigen Lebensraum,

Für die Pflege von Hecken- und Feldgehölz ist der flexible Unimog mit seinen vielfältigen Anbaugeräten genau richtig. Mit unterschiedlichen Schneidgeräten werden Hecken und Feldgehölze sauber und sicher bearbeitet.

Anfallendes Schnittmaterial kann sofort gehäckselt und in den Naturkreislauf zurückgegeben werden.

Mercedes-Benz
Werk Gaggenau

Vernetzung von Lebensräumen mit Feldhecken

Hermann Benjes
Bickenbach

Wohin mit dem Gestrüpp? Städte und Gemeinden stehen Jahr für Jahr vor dieser Frage. Früher wurden diese "Abfälle" einfach verbrannt. Heute werden überwiegend Buschhacker eingesetzt, die den Häcksel gleich an Ort und Stelle in die Büsche zurückblasen, oder das Material wird einer geordneten Mietkompostierung zugeführt. Während das Verbrennen die Umwelt ganz erheblich belastet, sind leistungsfähige Schredder mit enormen Anschaffungs-, Energie-, Reparatur- und Personalkosten verbunden. Das ist ungefähr so, als würde man viel Geld für einen Reißwolf ausgeben, der dann mit den noch übriggebliebenen Banknoten gefüttert wird. Gestrüpp ist nämlich bares Geld wert; wir können gar nicht genug davon kriegen und sollten sofort damit aufhören, diese Perlen vor die Säue zu werfen!

Baumschnitt (der Straßenmeistereien und Obstplantagen) ist ein besonders schnell wirkendes Heilmittel (!) für die an Ausräumung leidende und zum Teil nur noch so dahinsiechende Agrarlandschaft. Dieser von vielen Pflanzen und Tieren "befreite" Patient darf überall dort wieder hoffen, wo die Flurbereinigung durch das Flurbelebungskonzept "Benjeshecken" abgelöst wird.

War die Neuanlage von Feldhecken bisher - schon aus Kostengründen - "den dafür zuständigen Behörden vorbehalten" oder auch schon mal großzügig dem örtlichen Vogelschutzverein gestattet worden, stehen wir heute vor einer Situation, die es noch nie gegeben hat: ob Jugendfeuerwehr in Vöhl, ob Viertklässler in Sottrum oder der Rotary-Club in Rotenburg/Wümme, Menschen, von denen man es nicht erwartet hätte, werden im wahrsten Sinne des Wortes handgreiflich und legen Benjeshecken an!

Foto 1: "Benjes"-hecke in Sottrum/Niedersachsen

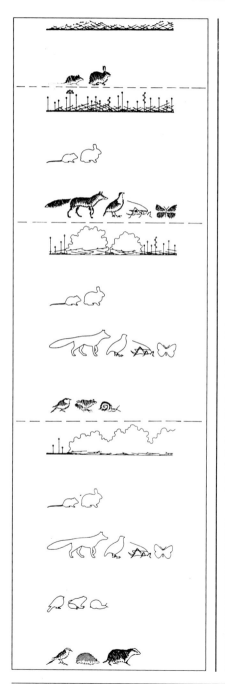

Eine Landschaft, die nach Hecken schreit (und bisher vielfach nur auf taube Ohren stieß), findet endlich Gehör. Was hier geschieht ist so einfach, daß ich lange gezögert habe, darüber ein Buch zu schreiben. Wie wäre ich seinerzeit froh gewesen, wenn dieses Konzept aus der Tiefe wissenschaftlicher Erkenntnis gefischt worden wäre, anstatt das schlichte

"Hecken sind Finger an der Hand des Waldes"

Hermann Benjes

Ergebnis einer Naturbeobachtung meines Bruders Heinrich Benjes zu sein. Ich kann doch auch nichts dafür, wenn eine Feldhecke, dieser unerhört komplizierte Biotop, mit derart einfachen Mitteln angebahnt werden kann:

Auf einem - für die Hecken vorgesehenen - Geländestreifen wird eine Gestrüppbarriere errichtet; etwa 1 m hoch, möglichst 4 m breit und je länger je lieber. Der Geländestreifen ist somit deutlich markiert und für Rehe unbetretbar, was uns den kostspieligen Wildschutzzaun erspart. Im Gegensatz zur herkömmlichen Heckenpflanzmethode kann die Benjeshecke bei jedem Wetter angelegt werden, also auch bei großer Kälte und Schnee. Schon im ersten Sommer verwandelt sich die Benjeshecke in eine Krauthecke, die von Insekten in hundertfacher Artenvielfalt besiedelt wird und damit die Vögel auf den Plan ruft. Wenn ich an dieser Stelle einmal mein Buch "Feldhecken" zitieren darf: "Die Vögel scheißen sich ihre eigene Hecke zusammen", vorausgesetzt, daß es noch Vögel gibt, die den Samen der späteren Heckensträucher aus nicht zu fernen Hecken und Waldrändern hier absetzen. In völlig ausgeräumter Flur muß nachgeholfen werden, denn Wunder dauern ja bekanntlich etwas länger.

Abb. 1: Insekten- und Bodenbrüterparadies

Durch das Anlegen einer Benjeshecke schenken wir der Landschaft einen Schutzstreifen, der diese Bezeichnung - im Gegensatz zu Sperrzone einer drahtigen Behördenhecke - auch verdient. Erste Spuren im Schnee verraten, wie schnell die Gestrüppbarriere von den Nagern angenommen wird. Schon im ersten Sommer verliert die Benjeshecke ihre Unschuld; sie hat sich bis zum Herbst in ein Insektenparadies verwandelt und geht als Krauthecke in den zweiten Winter. Die Zahl der Bewohner und Nutznießer steigt von Jahr zu Jahr. Während die Bodenbrüter von Anfang an dabei sind, haben die Buschbrüter erst noch das Ende der Hochstaudenphase abzuwarten. Wiesel und Fuchs sehen mausigen Zeiten entgegen, und selbst der schon verloren geglaubte Dachs darf wieder hoffen.

Graphik: Barbara Bitsch, aus Benjes 1986

Wenn es für Pflanzen und Tiere, die ja zum Teil kurz vor der Ausrottung stehen, nicht zu spät sein soll, muß vorübergehend auf das Tempo der natürlichen Sukzession gedrückt werden. Die niedersächsischen Forstamtsleiter E. Guba (Harpstedt) und F. Lutosch (Rotenburg/W.) haben mit einer modifizierten Benjeshecke daraus die richtigen Schlußfolgerungen gezogen: Normal gepflanzte Sträucher und Bäume werden mit Gestrüppbarrieren eingehüllt und so gegen Wildverbiß (und Pflegekolonnen!) sicher geschützt. Es versteht sich von selbst, daß eine Feldhecke auf diese Art und Weise schneller "hochgerissen" werden kann als dies mit einer "reinen" Benjeshecke im Rahmen der natürlichen Sukzession möglich wäre. Bemerkenswert, daß diese modifizierten Benjeshecken nicht etwa langatmig diskutiert, sondern vorzeigbar praktiziert werden! Die durch mein Buch und den gleichnamigen Diavortrag bundesweit ausgelöste Neubewertung der bisher als lästig empfundenen Gestrüppmenge, ist deshalb so bedeutsam, weil der angestrebte Natur- und Artenschutzeffekt durch die Anlage von Benjeshecken unverzüglich

eintritt: Die von keiner Pflegekolonne - weder durch Herbizide noch durch Motorsensen - angetastete Gestrüppbarrieren verwandeln sich in Insekten- und Bodenbrüterparadiese - auch in einer ausgeplünderten, sterilen Landschaft.

Natürlich darf diese neue Möglichkeit kein Freibrief sein für fortgesetztes Spritzen, Überdüngen und Kaputtpflügen der Feldwegränder. Der niedersächsische Umweltminister Dr. Werner Remmers hat kürzlich in Bonn nachdrücklich darauf hingewiesen, daß auch er diesen Landklau künftig nicht mehr hinnehmen wird. Bürgermeister Hartmann aus dem niedersächsischen Hassendorf, der noch im Januar 1988 glaubte, seinen Bauern den Kampf ansagen zu müssen (Rotenburger Kreiszeitung vom 21.1.1988) wird nun hoffentlich in Hannover die bitter notwendige, längst überfällige Rückendeckung finden. "Die letzte Furche steht im Schotter", ist nicht nur ein geflügeltes Wort des Dr. Remmers, dieser eigentlich unglaubliche Ausspruch eines Ministers entspricht tausendfach den Tatsachen. Das Argument, für die

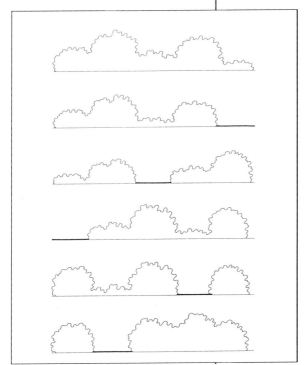

Abb. 2: Stufiger Rückschnitt einer Feldhecke.

Geländestreifen lassen sich mit Gestrüpp in Schutzflächen verwandeln, die vom Schalenwild gemieden werden (Benjeshecke). Den Rest besorgt die Natur: Es entsteht eine Krauthecke, die sich allmählich in eine Feldhecke verwandelt. Auf dieser vorletzten Stufe muß die Sukzession jedoch durch Rückschnitt "angehalten" werden, da sonst eine Baumhecke entstehen würde.

Foto 2: Reisighaufen der Straßenmeisterei

Analge von Hecken fehle die Fläche, fällt damit platt auf den Bauch. Suchaktionen stutzig gewordener Naturschützer haben haarsträubende Ergebnisse zu Tage gefördert. Sechs bis sieben Meter breite "Frontbegradigungen" sind keine Seltenheit. Den Rekord hält Karl Heinz Albrecht aus Unna. Bei einem Vergleich einer Flurkarte mit einem recht unschuldig wirkenden Acker entdeckte er einen - durch Tiefpflügen - unsichtbar gemachten Feldweg! Wie soll der dramatisch verlaufene Wettlauf mit dem Artenrückgang jemals gewonnen werden, wenn der Natur noch nicht einmal die Wegränder verbleiben und ganze Feldwege spurlos verschwinden?

Zumindest in Niedersachsen müßte es doch möglich sein, diese enorme Flächenreserve aus der Versenkung zu holen. Wenn sich dabei herausstellen sollte, daß ein für die Anlage von Hecken vorgesehener Geländestreifen etwas zu schmal ist, müßte über die notwendige Verbreiterung (durch Ankauf oder Pacht) selbstverständlich nicht nur nachgedacht, beraten, diskutiert und verhandelt werden! Hier ist Handeln gefordert, siehe Guba und Lutosch.

Es grenzt natürlich an Wahnsinn, wenn einer Gemeinde, die beispielsweise DM 9.000,00 für eine fehlende Fläche zur Verfügung stellt, Vermessungsgebühren in Höhe von DM 25.000,00 präsentiert werden (Klingelbach). Soll denn eine Behörde, die durch die Flurbereinigung maßgeblich an der Zerstörung von Lebensräumen beteiligt war, sozusagen im Nachschlag zum Flaschenhals einer zum Greifen nahen Flurbelebung werden dürfen?

Jede zuständige Entscheidungsebene - und hier insbesondere die Bürgermeister - seien daran erinnert, daß die Vernichtung der ökologisch unersetzlichen Wegränder (durch Kaputtpflügen) eine Rathausangelegenheit ist. Wer diese verheerenden Straftaten ignoriert, gleicht einem Warenhausdetektiv, der den Ladendiebstahl eines Kumpels augenzwinkernd durchgehen läßt.

Die Vernetzung von Lebensräumen mit Feldhecken setzt voraus, daß auch die schmalen, für Hecken meinetwegen auch viel zu schmalen, Wildkräutersäume und Hochstaudenraine in dieses Netzwerk eingebunden werden.

Foto 3: Der Autor beim "Verhecken"

Die durch "Feldhecken" ausgelöste bundesweite Suchaktion hat bisher schon alle Erwartungen übertroffen. Bedenkt man, daß dies ja erst der Anfang ist und die Wiederbelebung unvorstellbar langer Geländestreifen (100 000 km?) noch bevorsteht, kann schon in absehbarer Zeit mit einer sichtbaren und spürbaren Wende im Landschafts-, Natur- und Artenschutz gerechnet werden. Viele Dörfer und Kleinstädte könnten schon längst zu einem Geheimtip für Urlauber, Naherholungssuchende, Tierfoto-grafen, Forscher und Lebenskünstler geworden sein, wenn das Wissen um die Wohlfahrtswirkungen der Hecke bis tief in die Amtsstuben und Rathäuser vorgedrungen wäre. Im Zweifelsfalle lieber mal auf die Betonkübel in der Fußgängerzone verzichten - aber nie auf das Gestrüpp in ausgeräumter Flur. Oder um es mit den Worten des Bürgermeisters von Drakenhausen zu sagen: "Leute, es gibt noch viel zu tun, hecken wir es aus!"

Literatur

● BENJES, H. 1986: Die Vernetzung von Lebensräumen mit Feldhecken. München, Natur & Umwelt Verlags-GmbH, DM 21,80.

Hermann Benjes
Darmstädter Straße 21
6101 Bickenbach

Ein starkes Stück in allen Leistungsklassen.

Motorsägen, Motorsensen:
Das starke Programm.

Für alle Freizeitprofis,
Land- und Forstwirte,
für kommunalen und gewerblichen Einsatz.

shindaiwa

Nur beim guten Fachhandel.

Alleinimporteur:

WITTE MOTORGERÄTE

Postfach 60 · 3065 Nienstädt
Telefon 05721-7070
Telefax 05721-70753

Zur Bedeutung von Feldgehölzen als Lebensraum für Regulatoren von Agrarschädlingen

Dr. Fritz Brechtel
Landesamt für
Umweltschutz und Gewerbeaufsicht
Rheinland/Pfalz
Oppenheim

Gliederung

1. Einleitung

Feldgehölze zählen zu den Offenlandstrukturen, die während der letzten 30 Jahre - oft im Rahmen von Flurbereinigungen - überproportional zerstört wurden. Aus vordergründig "ökonomischer" Denkweise bemühte man sich um die Verbesserung der landwirtschaftlichen Bewirtschaftungsbedingungen, insbesondere um eine Vergrößerung und Strukturverbesserung der Bewirtschaftungsflächen und hinterließ dabei vielfach eine ausgeräumte Landschaft - mit ökologisch und auch ökonomisch negativen Folgen, wie es sich in den Folgejahren zeigte und wie dies insbesondere in den Beiträgen von BLAB, KNAUER, KRAUSE & VOLL während der Tagung ausgeführt wird.

Die negativen Wirkungen zeigen sich durch erhöhten Artenschwund, verminderten Erholungswert der Landschaft, vor allem aber auch durch negative Auswirkungen auf Boden, Wasser, Klima und damit auf die Ertragsleistungen. Die Landwirtschaft, zu deren Vorteil die Ausräumung der Landschaft vielfach stattfand, zählt damit zu den Geschädigten.

In diesem Beitrag wird versucht, diesen Aspekt aus einem sehr speziellen Winkel zu beleuchten, der vielen nicht bewußt ist, vor allem wo bereits einiges - aber immer noch viel zu geringes Spezialwissen vorhanden ist, nämlich aus dem Aspekt der Entomologie, hier wiederum aus der sehr speziellen Sichtweise der Regulatorleistungen, die sich aus der Anwesenheit von Feldgehölzen und Hecken auf Agrarschädlinge ergeben können.

Da die Insektenwelt von Hecken ungemein reichhaltig ist, können in der Kürze der Zeit nach einer kurzen Begriffsklärung nur exemplarisch einige Fallbeispiele angerissen werden, ehe hieraus ein kurzes Fazit gezogen wird.

2. Begriffsklärung

Unter dem Begriff "Regulatoren" sind im folgenden Arten zu verstehen, die gegenüber anderen Arten als Jäger, Parasiten, Parasitoide oder ähnliches auftreten und dadurch in der Lage sind, deren Bestandsdichte zu vermindern. Aus ökologischer Sicht ist hinzuzufügen, daß dies eine pragmatische Verwendung des Begriffs Regulator ist, da zum einen die Regulations- und Bestandsdichte auch in umgekehrter Richtung verläuft - die Vielzahl der Mäuse ermöglicht es der Schleiereule, viele Jungen großzuziehen, sind wenig Mäuse da, sinkt auch die Bestandsdichte der Schleiereule -, zum anderen jedoch vor allem die klimatischen Faktoren eine entscheidende Rolle bei der Regulation von Populationsschwankungen spielen. Dennoch bleibt festzuhalten, daß trotz dieser Relativierungen das Vorhandensein von Räuber- oder Parasitenarten, also Regulatoren im obengenannten Sinn die Massenentwicklung ihre Beutetiere in vielen Fällen deutlich einzuschränken vermag.

Als "Agrarschädlinge" werden solche Arten verstanden, die an Kulturpflanzen leben, zu Massenvermehrungen in der Lage sind und hierdurch im landwirtschaftlichen Sinne als schädlich in Erscheinung treten können, sobald eine kritische Bestandsschwelle überschritten ist. Als Schadinsekten treten vor allem phytophage Insekten und deren Larven auf wie beispielsweise diverse Blattlausarten, Kleinschmetterlinge oder einige Blatt- und Rüsselkäferarten.

Im folgenden werden am Beispiel der Laufkäfer (Carabidae), Marienkäfer (Coccinellidae) und der Grab- und Faltenwespen (Sphecoidea, Vespoidea) einige Insektengruppen exemplarisch vorgestellt, die überwiegend räuberisch oder parasitisch leben und dadurch zu "Regulatorleistungen" in der Lage sind.

3. Regulatorische Beziehungen zwischen Feldgehölzen und angrenzenden Kulturflächen an einigen Beispielen

3.1 Laufkäfer (Carabidae)

Von der Familie der Laufkäfer gibt es in Deutschland mehrere 100 Arten, deren Biotopbindung nach Untersuchungen von THIELE (1964) vor allem vom Faktor Feuchtigkeit abhängt. THIELE unterscheidet hinsichtlich der Biotopbindung 5 Gruppen von Carabiden:

- (1) Stenöke Waldarten kühl - feuchter Laubwälder,
- (2) Euriöke Waldarten, die in Wäldern aller Typen vorkommen,
- (3) Euriöke Waldarten, die auch Feldrandbereiche besiedeln,
- (4) Euriöke Feldarten, die auch in Gehölzen und Wäldern vorkommen,
- (5) Stenöke Feldarten, die in Gehölzen und Wäldern fehlen.

In Hecken kommen abhängig von deren Ausdehnung und Ausprägung vor allem Vertreter der Gruppen 3 und 4 vor. Die Ähnlichkeit der Carabidenfauna des Kulturlandes mit Hecken und Gehölzen ist relativ gering; größer ist die Ähnlichkeit mit grasreichen Säumen, Feldrainen und ähnlichem. Hecken sind zum einen von Bedeutung als Lebensraum von Carabidenarten, wobei jedoch nur ein geringer Teil des Artenspektrums auch im Kulturland vorkommt (RÖSER 1988). Insbesondere in den Rändern der Hecken, vor allem wenn grasreiche Übergangsbereiche vorhanden sind, kommen viele Carabidenarten des Offenlandes vor. Da die mechanische Bearbeitung der Agrarflächen für die oft flugunfähigen Carabidenarten als katastrophenhafte Eingriffe gewertet werden müssen, sind solche ungenutzten Kleinstrukturen wichtig als Ausweichbiotope. Viele Carabiden überwintern in Hecken und Säumen, sofern geeignete Strukturen (morsche

Holzstümpfe, lose Rinde, flachaufliegende Steine usw.) vorhanden sind.

Die meisten Carabidenarten leben räuberisch, in der Mehrzahl von Insekten, Milben, einige auch von Schnecken. Durchschnittlich verzehren sie täglich etwa das eigene Körpergewicht. Große Carabidenarten sind nach SCHERNEY (1961) in der Lage, täglich vier bis fünf Kartoffelkäferlarven zu verzehren und etwa die gleiche Menge totzubeißen. Damit können sie Kartoffelkäferkalamitäten in Grenzen halten.

Bei zwei kleineren, auf Feldern sehr häufigen, blattlausfressenden Arten, Agonum dorsale und Bembidion lampros, konnte SCHELLER (1984) Bestandsdichten von 60 Individuen pro qm und eine Fraßleistung von 3 - 5 Blattläusen täglich nachweisen. Dies bedeutet den täglichen Verzehr von 90 bis 300 Blattläusen pro qm Kulturfläche.

Eine größere Art, Harpalus rufipes verzehrt täglich bis zu 130 Pfirsichblattläuse (LOUGHRIDGE & LUFF, 1983). Außerdem ist bekannt, daß Beuttieraggregationen zu erhöhten Carabidendichten führen (BRYAN & WRATTEN, 1984). Insgesamt können Carabiden eine wichtige regulatorische Wirkung auf landwirtschaftliche Schädlinge ausüben. GÄRTNER (1980) stellte fest, daß Zusammenhänge zwischen der Bestandsdichte und Artenzahl von Carabiden einerseits und der Schlaggröße von Zuckerrübenfeldern und längere Zeitspanne zu (etwaigen) Flurbereinigungen andererseits existieren. Die höchsten Artenzahlen, nämlich 47, fand er bei Äckern von einer Schlaggröße von 0,5 bis 1,1 ha die nicht flurbereinigt wurden. Bei einer Schlaggröße von 5,4, bis 5,7 ha und 15 Jahre zurückliegender Flurbereinigungen war das Artenspektrum auf 20 Arten reduziert.

Das Anlegen von Hecken und sonstigen Kleinstrukturen fordert auch somit außer der eigenen Fauna zusätzlich die Carabidenfauna der Kulturflächen.

3.2. Marienkäfer (Coccinellidae)

Diese Arten sind dermaßen bekannt und beliebt, daß es sogar Kinderspielzeug in Marienkäferform gibt. Ebenfalls weitgehend bekannt ist, daß sowohl die Käferlarven als auch die Imagines räuberisch leben, vorwiegend von Blatt-, Schild- und Mottenschildläusen. Zumindest die Imagines einiger Arten nehmen auch Pollen und Nektar als Nahrung auf

(CARTER & DIXON 1984). Die meisten der etwa 90 mitteleuropäischen Arten haben nur eine Generation pro Jahr. Zu den häufigsten Arten zählen der Zweipunkt-Marienkäfer (Adalia dipunctata) und der auf Feldern dominierende Siebenpunkt-Marienkäfer (Coccinella septempunctata). Der Siebenpunkt lebt vorwiegend von Kulturpflanzenschädigenden Blattlausarten. Da auf Getreidefeldern Blattläuse nur von Ende Mai bis zur Ernte vorkommen, benötigen Marienkäfer für den Rest der Vegetationsperiode Ausweichshabitate, z.B. Hecken, Gehölzsäume, in den sie ebenfalls Beutetiere vorfinden. Außerdem überwintern die meisten Marienkäferarten unter loser Baumrinde, in Streu- oder ähnlichen Strukuren, wo man sie auch als Überwinterungsgemeinschaften antreffen kann. Hecken sind somit - besonders bei Vorhandensein von Totholzstrukturen - wichtige Überwinterungshabitate.

HODEK et al. (1965) untersuchte die Fraßleistung des Siebenpunkt durch Käfigversuche in Zuckerrübenfeldern, wobei die Käfige mit verschieden hohen Individuenzahlen der Schwarzen Bohnenlaus (Aphis fabae) geimpft wurden. Bei einer Blattlausdichte von 90 Blattläusen je Marienkäfer waren die Bohnenläuse nach 9 Tagen völlig eliminiert.

Am wirksamsten ist die regulatorische Wirkung, wenn bereits vor der Massenentwicklung von Schadinsekten die Käfer in der Lage sind, in benachbarten Biotopen (z.B. Hecken) individuenstarke Populationen aufzubauen, von denen sie auf Grund ihrer Flugfähigkeit rasch die benachbarten befallenen Kulturflächen aufsuchen können.

3.3. Grab- Faltenwespen
(Sphecoidea, Vespoidea)

Die Grabwespen - von den es in der Bundesrepublik etwa 225 Arten gibt - und die Faltenwespen mit über 80 Arten zählen ebenso wie die 500 Wildbienenarten zur Gruppe der etwa 1000 Arten zählenden Stechimmen (Hymenoptera aculeata). Die folgenden Ausführungen beziehen sich nur auf die solitärlebenden Arten, das heißt die wenigen staatenbildenden Wespenarten werden nicht berücksichtigt.

Solitäre Falten- und Grabwespen tragen zur Ernährung ihrer Larven ausschließlich fleischliche Nahrung ein, vorwiegend Kleinschmetterlinge, Blattläuse, Käfer, Schaben und deren Larven. Je nach Art ist das Beutetierspektrum unterschiedlich. Die Mehrzahl der Grab- und Faltenwespen nistet in

trockenen, besonnten Böden, z.B. an Waldrändern, Feldrainen oder Hohlwegen. Viele Arten zählen zu den Hohlraum- oder Morschholznistern, das heißt, sie nagen ihre Niströhren selbst in morsches Holz oder markhaltige, abgestorbene Pflanzenstengel (Brombeere, Königskerze) oder aber sie beziehen als "Nachmieter" bereits vorhandene Käferbohrgänge in totem Holz oder hohlen Pflanzenstengeln. Einige mörteln ihr Nest aus Lehm frei an Steine, Mauern oder Holzbalken. Durch das Anbieten entsprechender Nisthilfen (WESTRICH, 1989) kann die Artenvielfalt und die Bestandsdichte der Hohlraumnister erhöht werden. Für Beobachtungszwecke sind Nistkästen mit Niströhren aus Acrylglas gut geeignet (BRECHTEL, 1986). Die folgenden Beispiele nennen einige auch im offenen Land recht häufige, hohlraumbewohnende Arten. Die Faltenwespe trägt überwiegend Kleinschmetterlingslarven als Beute ein. Die unauffällig schwarzgefärbten Arten der Grabwespengattungen Passaloecus, Pemphredon und Psenulus sind Blattlausjäger, die sich deutlich im Nestbau unterscheiden: Passaloecus baut die Zwischenwände der Zellen aus Harz, Psenulus fuscipes benutzt hierfür morsche Holzkrümmel, bei Pepsinulus phusipennis bestehen sie aus einem Spinnwebenartigen Drüsensekret. Ihre Beute suchen Stechimmen nur innerhalb eines bestimmten Aktionsradius um die Niströhre. Zur Eigenversorgung sind die Imagines der meisten Falten- und Grabwespenarten auf Nektar und Pollen, also auf Blütensäume angewiesen.

4. Folgerungen für die Praxis

Es würde den Rahmen dieses Beitrages sprengen, auch nur annähernd auf alle Insektengruppen einzugehen, deren Arten auf Grund ihrer Lebensweise eine ähnliche regulatorische Wirkung besitzen. Erwähnt seien nur die überwiegend parasitisch lebenden Schlupf-, Erz-, Brack- und Gallwespen mit ihren tausenden von Arten, von denen eine Art, die Erzwespe Trichogramma evanescens, bereits schon im Fachhandel erhältlich ist und als "biologische Schädlingsbekämpfung" gegen den Maiszünsler eingesetzt wird.

Auch an Hand der kurzen Ausführungen ist wohl deutlich geworden, daß von Hecken, Feldrainen und ähnlichen Kleinstrukturen der offenen Landschaft zwischenartliche Wechselbeziehungen ausgehen, die aus landwirtschaftlicher Sicht als positiv zu bezeichnen sind. Bilder von Heckenzerstörung sollten der Vergangenheit angehören, und es ist mehr als bedauerlich, daß es immer noch Landwirte gibt, die - im übrigen widerrechtlich - vorsätzlich Hecken mit Pestiziden besprühen, im Irrglauben, damit "Ungeziefer" zu vernichten. Eine Intention dieser Tagung ist es sicher auch, die Teilnehmer mit Argumenten zu versehen, um solche Wissensdefizite im eigenen Wirkungskreis auszuräumen. Darüber hinaus war jedoch auch beabsichtigt, aufzuzeigen, daß Heckenbewohner oft auf ganz bestimmte Strukturen und Habitate angewiesen sind, die teilweise in Ergänzung zur Hecke vorhanden sein müssen. Aus entomologischer Sicht sollten Hecken aus heimischen, naturraumtypischen Gehölzen aufgebaut sein; sie sollten genügend Alt- und Totholzstrukturen enthalten und möglichst mit blütenreichen Säumen versehen sein.

Literatur

- BRECHTEL, F. (1986): Die Stechimmenfauna des Bienwaldes und seiner Randbereiche unter besonderer Berücksichtigung der Ökologie hohlraumbewohnender Arten. POLLICHIA-Buch Nr. 9, Bad Dürkheim.
- BRYAN, K.M. & S.O. WRATTEN (1984): The response of polyphageous predators to prey spatial heterogenety: Aggregation by carabid and staphylinid beetles to their cereal aphid prey. - Ecol. Entomol. 9: 251 - 259.
- CARTER, M.C. & A.F. DIXON (1984): Foraging behaviour of coccinellid carvae: Duration of intensive search. - Entomol. Exp. Appl. 36: 133 - 136.
- GÄRTNER, G. (1980): Ökologisch-faunistische Veränderungen durch Flurbereinigungsmaßnahmen, dargestellt am Beispiel der Carabidenfauna von Zuckerrübenkulturen in ausgewählten Kraichgaugemeinden. - Diss. Heidelberg
- HODEK, I. (1973): Biology of Coccinellidae. - Prague (Academia, Publ. House of Czechosl. Akad. Sciences).
- HODEK, I., HOLMAN, J., NOVAK, K. & V. SKURAVY (1965): The predation of Coccinella septempunctata L. on APHIS fabae Scop. on sugar beet. - Acta ent. bohemoslovaca 62: 241 - 253.
- LOUGHRIDGE, A.H. & L.M. LUFF (1983): Aphid predation by Harpalus rufipes (Dequeer) (Coleoptera: Carabidae) in the laboratory and field. - J. appl. Ecol. 20: 451 - 462.
- RÖSER, B. (1988): Saum- und Kleinbiotope: Ökologische Funktion, wirtschaftliche Bedeutung und Schutzwürdigkeit in Agrarlandschaften. - 258 S., ecomed Hardsberg.
- SCHELLER, H.V. (1984): The role of ground beetles (Carabidae) as predators on early populations of cereal aphids in spring barlay. - Z. ang. Ent. 97: 451 - 463.
- SCHERNEY, F. (1961): Beiträge zur Biologie und ökonomischen Bedeutung räuberisch lebender Käferarten. Teil III: Beobachtungen und Versuche zur Überwinterung, Aktivität und Ernährungsweise der Laufkäfer (Carabidae). - Z. ang. Ent. 48: 163 - 175.
- THIELE, H. (1964): Experimentelle Untersuchungen über die Ursachen der Biotopbindung bei Carabiden. - Z. Morph. Ökol. Tiere 53: 387 - 452.
- WESTRICH, P. (1989): Wildbienenschutz im Siedlungsbereich. - 3. üb. Auflage, LFU Karlsruhe.

Dr. Fritz Brechtel
Landesamt für
Umweltschutz und Gewerbeaufsicht
Rheinland-Pfalz
Amtsgerichtsplatz 1
6504 Oppenheim

Feldholzinsel und Hecken
Anlage, Pflege und Betreuung aus jagdlicher Sicht

Dipl.Ing.agr. Wolfgang Sailer
Vizepräsident des
Landesjagdverbandes Hessen e.V.
Bad Nauheim

Feldgehölze - Stätten des Lebens

Mitteleuropa war bis zum Beginn unserer Zeitrechnung weitgehend von Wald bedeckt. Er stellt die natürliche Pflanzendecke unserer Heimat dar. Das stetige Wachstum der Bevölkerung erzwang die Rodung immer größerer Waldgebiete, dort, wo vom Boden, der Bodengestaltung sowie dem Klima her der Landbau möglich war. Feldgehölze haben bis in unser Jahrhundert hinein nur an Stellen überlebt, wo die landwirtschaftliche Nutzung erschwert oder nicht möglich war.

Die Technisierung der Landwirtschaft erfordert große, rentabel zu bewirtschaftende Flächen. Mit Hilfe der Flurbereinigungsverfahren und der Technik wurden derartige Flächen gestaltet. Zum Opfer fiel diesem Ziel ein großer Teil der Feldholzinseln.

Die Landwirtschaft ist heute in den westlichen Industrienationen in der Lage, die Bevölkerung mit hervorragenden Lebensmitteln in reichster Auswahl zu versorgen. In der Europäischen Gemeinschaft wird mehr davon produziert als verbraucht werden kann. Um Erzeugung und Verbrauch in Einklang zu bringen, hat die Europäische Gemeinschaft den Landwirten Angebote gemacht, die Erzeugung gegen Ausgleichszahlungen zu senken bzw. aufzugeben. Dies ist ein einmaliges Angebot, nicht nur wirtschaftlichen Sachzwängen zu dienen, sondern auch um unserer Natur, unserer Tier- und Pflanzenwelt neue zusätzliche Chancen zu geben. Alle an der Natur Interessierten sind dazu aufgerufen, diese Möglichkeiten zu nutzen!

Die Anlage von Feldgehölzen kann vom Landwirt, von Grundeigentümergemeinschaften (Jagdgenossenschaften), von Jagdausübungsberechtigten, von Naturschutzgruppen usw. vorgenommen werden. Zu beachten sind dabei:

- die Einwilligungen der Grundstückseigentümer und der zuständigen Behörden,
- die Auswahl standortgerechter Pflanzen,
- die ordnungsgemäße Bepflanzung und
- Der Schutz der Neuanpflanzungen.

Sehr wesentlich ist

- die spätere Pflege des Feldgehölzes.

Nur wenn diese sachgerecht erfolgt, kann das Gehölz seine vielseitigen Aufgaben erfüllen. Zur Pflege bieten sich Patenschaften durch die Jagdausübungsberechtigten und die Naturschutzgruppen an.

Zum Glück gibt es in Hessen noch weite Gebiete, in denen Feldgehölze in großer Zahl vorhanden sind und deshalb eine Anlage von Gehölzen nicht die oberste Priorität der Biotopverbesserung darstellt. Aber grundsätzlich gilt, und das nicht nur in den intensiven Ackerbaugebieten mit "ausgeräumten Landschaften" wie z.B. Hessisches Ried, Wetterau, Limburger und Marburger Becken sowie Waberner Senke, daß man jede sich bietende Möglichkeit zur Anlage von Feldgehölzen nutzen sollte.

Biotopschutzprogramm "Feldholzinsel"

Der Landesjagdverband Hessen hat bereits vor Jahren mit seiner Broschüre "Feldholzinseln Stätten des Lebens" auf den Wert und die Notwendigkeit der Neuanlage von Feldgehölzen hingewiesen. Der damalige Vizepräsident des LJV, Oberlandforstmeister Rudolf GRAULICH hat mit der von ihm 1980 verfaßten Broschüre den Anstoß dazu gegeben, daß die hessische Jägerschaft in der Zwischenzeit zahlreiche Feldgehölze angelegt und in Pflege genommen hat.

Es wäre an dieser Stelle müßig, noch einmal detailliert die wissenschaftlich untermauerte ökologische Bedeutung von Hecken und Feldgehölzen zu begründen. Ohne Anspruch auf Vollständigkeit sei stichwortartig an folgendes erinnert:

- mikroklimatische Beeinflussung wie Wind, Licht, Erosion;
- Verbindungslinie für Tiere im Sinne einer Biotopvernetzung;
- Strukturbereicherung der Agrarlandschaft;

Foto 4: Feldholzinsel
(Foto Reisinger)

- hoher Grenzlinieneffekt und damit Förderung der Populations- und Artenzahl;
- spritzmittelfreie Rückzugsgebiete für Tier- und Pflanzenarten;
- Bienenweide und Reservoir von natürlichen Gegenspielern von Schädlingen des Ackerbaus u.a.

Erfahrungen bei der Anlage von Feldholzinseln

Ich möchte die Gelegenheit nutzen, aus der nun über 10jährigen Erfahrung der Jägerschaft in Hessen mit der Umsetzung dieser Initiative zur Sicherung eines ökologisch wichtigen Elementes unserer Kulturlandschaft zu berichten. Nun wurde in der Broschüre von GRAULICH schon ausführlich die Gehölzauswahl, Gliederung, Pflege und der Standort der Feldgehölze bzw. Hecken behandelt. Dieses ergänzend, empfiehlt es sich, für die Optimierung von Feldgehölzen und Hecken bei der Anlage folgende einfache Erfahrungswerte zu beachten:

- Man sollte bei Pflanzungen, die eine Breite von ca. 6 m haben, den **Außenrand**, den sogenannten

Mantel nicht linear, sondern **gelappt** gestalten. Auf einer Breite von 2 - 3 m springt dann der Rand der Hecke vor und zurück. Diese Vorgehensweise bietet sich vor allem an der Südseite des Gehölzes an. Durch das buchtenartige Vor- und Zurückspringen des Mantels werden hier kleinräumige Wärmeinseln gebildet, die besondere Lebensbedingungen bieten. Dies schafft einen weichen Übergang zwischen den verschiedenen Strukturelementen und erhöht gegenüber einer linearen Randgestaltung den Grenzlinieneffekt und damit den Artenreichtum.

- Wenn die Größe der Fläche es zuläßt, ist selbstverständlich im Vorfeld der Hecke auf eine mindestens 3 m breite **Saumzone** als Kraut- und Strauchschicht zu achten. Die Saumzone muß gepflegt, d.h. regelmäßig gemäht werden, wobei hier im Sinne einer gewünschten Vielfaltigkeit die einmalige Mahd Ende Juni oder im Oktober abschnittsweise wechseln oder auch einmal ganz ausfallen kann. Die stehengebliebenen Kräuter

Foto 5: Lesesteinhaufen
Wärmezonen ergänzen die Feldholzinsel (Foto Reisinger)

und Stauden sind Nahrungsreservoir für Niederwild und Überwinterungsplätze z.B. für Insekten.

- Bei der Anlage von Gehölzen sollte man den Mut zur **Lücke** haben. Darunter ist eine Abkehr von einer monotonen, linearen, alleenartigen Bepflanzung zu verstehen. Eine Lücke von 10 m zwischen zwei Heckenzügen bildet wiederum Standortvielfalt und dazu eine optische Abwechslung.
- Bei der **Gehölzauswahl** empfiehlt es sich, Brombeeren und Himbeeren aus benachbarten Standorten zu entnehmen und nicht aus Baumschulen zu beziehen. Brombeeren bilden einen fast unüberschaubaren, regional differenzierten Formenreichtum, so daß man hier über das genormte Einheitsmaterial der Baumschulen nicht der Florenverfälschung Vorschub leisten sollte. Einige im Umfeld des Standortes ausgestochene Brombeerableger in der Mantelzone eingebracht, genügen, um deren vielfältige Funktionen, erwähnt sei nur ihre Bedeutung als Apotheke des Wildes, mit den Jahren zu erfüllen.
- Bei der Auswahl der Pflanzen sollten neben den schon erwähnten standorttypischen Brombeeren

mindestens sechs Gehölzarten berücksichtigt werden. In der Nähe von Äckern empfiehlt es sich, auf Pflanzen mit starker vegetativer Vermehrung wie Roter Hartriegel und insbesondere Schwarzdorn zu verzichten.

- In der Praxis hat sich bewährt, die vorgesehenen Pflanzen in einer nicht zu geringen Wachstumsstärke zu kaufen. Die Mehrausgaben für Pflanzen von 80 bis 120 cm Höhe im Vergleich zu kleineren machen sich bezahlt durch größere Konkurrenzfähigkeit gegenüber aufkommenden Wildstauden und beanspruchen eine geringere Pflegeintensität.
- Eine Bereicherung der Hecken bilden ohne Zweifel sogenannte **Lesestein-** und **Totholzhaufen**. Erstere sind traditionelle Beiprodukte der landwirtschaftlichen Nutzung. Leider werden Lesesteinhaufen heute oft auf Deponien gebracht. In der Regel sind Landwirte gern bereit, ein oder zwei Wagenladungen dieser Steine in den Bereich der Saumzone zu kippen. So wird dieser von überraschend vielen Tieren genutzte Lebensraum - insbesondere Insekten, aber auch Reptilien sind

Nutznießer des sonnenexponiert, auf der Südseite anzulegenden Haufens - in der Landschaft wieder etabliert. Lesesteinhaufen sollten, selbstverständlich ohne den Einsatz von Herbiziden, im mehrjährigen Turnus von Vegetation freigehalten werden.

- In dem selben Sinne verfahre man mit Holz, das z.b. von Kommunen oft energie- und kostenintensiv "geshreddert" werden muß. Durch **Totholzhaufen** wird unsere Fauna um eine Vielzahl von versteckt lebenden Kerbtieren bereichert, die ihrerseits wieder Nahrung für z.b. Fasanen- und Rebhuhnküken sind.

- Ökologisch sensible Bereiche des Feldgehölzes sollten von der Anlage von **Jagdeinrichtungen,** wie Hochsitze oder Schüttungen, ausgespart bleiben. Hier sind zum Beispiel botanische und ornithologische Gesichtspunkte zu berücksichtigen !

- Aus landschaftsästhetischen Gründen soll hier eine Lanze gebrochen werden für die Berücksichtigung von einzelnen, **solitär stehenden Eichen** in Heckenzügen. Dieser Baum, der immerhin Lebensraum für die unglaubliche Zahl von 1 500 verschiedenen Tierarten sein soll, kann im Verlaufe der Jahrzehnte zu einem prägenden Landschaftsbestandteil als Solitär heranwachsen.
Dabei gilt es jedoch zu bedenken, daß auch derartige hochwachsenden Bäume in ein vernetztes System eingebunden werden müssen ! Über weite Flächen vereinzelt stehende Bäume (Inseln) bedeuten einen erhöhten Beutegreiferdruck für die umliegenden Lebensräume und können sich auf diese Weise auf schützenswerte Lebensgemeinschaften negativ auswirken.

- Es ist davon abzuraten, **Stillgewässer** in unmittelbarer Nähe von Hecken oder inmitten von Feldgehölzen anzulegen. Die Erfahrung zeigt, daß der Einfall von Laubwerk die Wasserstelle recht schnell zuschlammen läßt und dadurch deren ökologischen Wert mindert. Es empfiehlt sich bei kleineren Tümpeln unter 100 qm mindestens 5, besser 10 m Abstand zu halten.

Statistischer Überblick

Zum Abschluß möchte ich einen kleinen statistischen Überblick über den Verlauf des von GRAULICH gestarteten Feldholzinselprogrammes geben. Von den 3 200 Jagdrevieren in Hessen zählen ungefähr 1 700 zu den sogenannten Feldrevieren. In diesen hat die Jägerschaft seit 1980 ungefähr 2 000 ha Feldgehölze angelegt. Bei einem realistischen Kostenansatz von 15 000 DM/ha ergibt sich daraus ein jährlicher Betrag von Material und Arbeitskosten von ca. 2,5 Millionen DM, der sich mittlerweile auf 30 Millionen seit Beginn der Aktion summiert hat.

Es mag sein, daß diese Daten, die selbst wiederum nur ein Ausschnitt aus der naturschutzrelevanten Aktion der Jäger in Hessen darstellen, viele überraschen. Es wäre zu begrüßen, wenn im Sinne eines konstruktiven Verhältnisses von Jagd und Naturschutz eine breite Öffentlichkeit hier die notwendige Information über die Tätigkeit von Jägern erfahren würde. Ich möchte mich deshalb bedanken, im Rahmen dieses Symposiums im Sinne Kästners "Tue Gutes und rede darüber" Gelegenheit gehabt zu haben, ihnen über die Arbeit der hessischen Jäger in ihren Revieren zu berichten.

Literatur

- GRAULICH, R. (1981): Feldholzinseln - Stätten des Lebens. 2. Auflage; Landesjagdverband Hessen e.V., Bad Nauheim

Dipl. -Ing. agr. Wolfgang Sailer
Landesjagdverband Hessen e.V.
Ysenburger Str. 77
6367 Karben 6

Gestaltung und Pflege
von Feldgehölzen

RIEDE liefert

Maschinen und Geräte

für

Kommunalbereiche,
Garten-, Landschafts- und Straßenpflege,
Obstbau, Baumschulen sowie
Forst- und Landwirtschaftsbetriebe.

GmbH + CoKG
3505 Gudensberg 1, Freiheit 11
Telefon 0 5603 / 2002 - 2003

Anlage von Gehölzen in der Flurbereinigung

Dipl.-Ing. Hans Peltzer
Dezernent für
Landespflege in der Flurbereinigung im
Hessischen Landesamt für
Ernährung, Landwirtschaft und Landespflege,
Wiesbaden

Einleitung

Die Anlage von Gehölzen hat in Flurbereinigungs-verfahren schon immer eine Bedeutung gespielt. So sind seit ca. 40 Jahren in zunehmendem Maße Feld-gehölze, Schutzpflanzungen, Biotope und Erho-lungseinrichtungen in den Verfahren geschaffen worden. Zunehmende Beachtung haben sie gefun-den, seit die gesetzlichen Vorschriften für ihre Anlage im Flurbereinigungsgesetz 1976, aber auch im Naturschutzrecht, vorgeschrieben sind. Im Wege-und Gewässerplan nach § 41 Flurbereinigungsgesetz (FlurbG) ist der landschaftspflegerische Begleitplan zu erstellen, in dem nicht nur "Ausgleichsplanungen" für eventuelle Eingriffe in Natur und Landschaft dar-zustellen sind, sondern - und es ist eine spezielle For-derung des § 37 FlurbG - auch sogenannte land-schaftsgestaltende Maßnahmen durchzuführen sind. Mit der Feststellung des Wege- und Gewässerplanes mit landschaftspflegerischem Begleitplan wird das öffentliche Erfordernis für diese Anlagen begründet. Die Aufstellung des Wege- und Gewässerplanes mit landschaftspflegerischem Begleitplan erfolgt in Ab-stimmung mit den Trägern öffentlicher Belange, den nach § 29 BNatSchG anerkannten Verbänden und im Benehmen mit dem Vorstand der Teilnehmerge-meinschaft des Flurbereinigungsverfahrens.

Schon bei der Planung des Begleitplanes ist zu be-denken, wie die Anlage von Gehölzen später auszu-führen ist und wie die langfristige Unterhaltung der Anlage gewährleistet ist. Hinzu kommen die nicht unwesentlichen Fragen der Flächenbereitstellung und Finanzierung der Maßnahmen. Neben diesen formalen Bedingungen stehen jedoch als erstes land-schaftsplanerische Überlegungen im Vordergrund.

1. Planerische Konzeption

Auf der Grundlage des für das Flurbereinigungsver-fahren erstellten ökologischen Gutachtens, der Be-wertung der naturnahen Landschaftsstrukturen und der Zielsetzung des Verfahrens ist eine Konzeption zu entwickeln, die der

- Vernetzung der Landschaft mit naturnahen Strukturen und
- der Gestaltung des Landschaftsbildes

dient.

Die planerische Ausarbeitung der Zielsetzungen bzw. Konzeptionen ergeben durch die unterschied-lichen

- naturräumlichen Bedingungen und
- agrarstrukturellen Bedingungen

differenzierte Planungsergebnisse.

Bei der räumlichen Anordnung der Anlagen in der Feldmark sind im einzelnen zu berücksichtigen die

- die bestehenden Gehölze, Gras- und Krautflä-chen, extensiv genutzter landwirtschaftlicher Flächen usw.
- die Bewirtschaftungsweisen der Nutzflächen.

Diese planerischen Vorüberlegungen für die Anlage von Gehölzen unterliegen dem Ziel, das biologische Potential des Naturraumes kleiner bzw. kleinster Ordnung zu erhalten oder zu verbessern, das Er-scheinungsbild der Landschaft zu fördern, ohne daß es zu wesentlichen Behinderungen für die Bewirt-schaftung der Nutzflächen kommt.

Konkret ergeben sich daraus recht unterschiedliche Arten von landschaftspflegerischen Anlagen. Sie Können linien- bzw. flächenhaft als netzförmige oder inselhafte Strukturen ausgebildet sein. Die Gestal-tung im einzelnen richtet sich nach den landschafts-ökologischen Erfordernissen.

Es können dies sein

- linienhafte Gehölzstreifen wie: Schutzpflanzun-gen, Wegebepflanzungen, Gewässerbepflanzun-gen, Baumreihen, Alleen usw.
- flächenhafte Feldgehölze wie Vogelschutzgehöl-ze, Feldholzinseln, Feldgehölze für besonderen Biotoppflege, Baumgruppen, Eingrünung von Bauwerken und von sonstigen baulichen Anlagen
- Feuchtbiotope
- Gras- und Krautflächen
- flächenhafte Baumanlagen (z.B. Streuobst).

Diese Strukturen sind im landschaftspflegerischen Begleitplan in der Weise anzuordnen, daß sie für

Pflanzen und Tiere als Standort, Vermehrungs-, und Aufzuchts-, Deckungs-, Rückzugs- und Lebensraum dienen können.

Bei den funktionalen Überlegungen für die Anordnung von landschaftspflegerischen Anlagen müssen die landschaftsgestalterischen Wirkungen mit berücksichtigt werden.

Bestehende Feldgehölze, wie sie sich heute in den Landschaften darstellen, sind kein zufälliges Ergebnis, sondern immer dort angesiedelt, wo die Nutzungsintensität und die Nutzungsweise ein Wachstum für Bäume und Sträucher zugelassen haben.

Je intensiver die Nutzungsweisen waren, sind und sein werden, umso weniger Möglichkeiten bestehen für die Ansiedlung von Gehölzbeständen. Linienhafte Feldgehölze haben sich immer an linienhaften Grundelementen, wie Gewässern, Wegen, Böschungen, Rainen angesiedelt. Inselartige oder punktförmige bestehende Anlagen sind meist an besonderen Stellen in der Landschaft ausgebildet, wie z.B. an Quellstellen, Flächen mit geringer Mutterbodenauflage, Wegekreuzungen usw. Großflächige Gehölze sind insbesondere in landwirtschaftlichen Marginalgebieten aufgrund von Brachfallen der landwirtschaftlichen Nutzung entstanden. Von Gehölzen weitgehend entblößte Landschaftsräume zeichnen sich durch eine intensive Landnutzung aus. In jedem Falle enstehen typische Erscheinungsbilder für die einzelnen Landschaften. Bei der Schaffung von neuen Feldgehölzen wird man diese gestalterischen Besonderheiten mit berücksichtigen müssen, es sei denn, die Neugestaltung des Landschaftsbildes mit anderen, bisher nicht vorhandenen Gestaltungselementen, wird gewollt.

2. Planung der Anlagen

Die Überlegungen im Rahmen der landschaftspflegerischen Begleitplanung dienen der räumlichen Festlegung und Bestimmung der Funktionen der Anlage im Raum. Für die Gestaltung im einzelnen sind sie Voraussetzung, um die geplanten, d.h. die gewollten Funktionen zu erreichen. Um die Anlagen ausführen zu können, sind jedoch weitere Bedingungen zu beachten:
- der Standort
- die Gestaltung der Anlage
- die Wuchseigenschaften der einzubringenden Pflanzen
- die erforderlichen Unterhaltungsmaßnahmen.

Standort

Als Standort ist der Wuchsort der vorgesehenen Anlage mit den am Ort wirkenden abiotischen und biotischen Faktoren zum Zeitpunkt der Erstellung der Anlage wie aber auch in seiner späteren Entwicklung anzusehen. Der Standort hat somit zentrale Bedeutung für die Auswahl der Pflanzen wie aber auch für den späteren Unterhaltungsaufwand. Grundlage für die Erkenntnisse sind die ökologischen Gutachten mit ihrer Beschreibung der realen und potentiell natürlichen Vegetation.

Gestaltung

Die Gestaltung der Anlage richtet sich nach ihrer Funktion. Schutzpflanzungen gegen Bodenerosion haben andere Gestaltungselemente als Feldgehölze, Feldholzinseln, Vogelschutzgehölze usw. Die Lage im Raum, die Bewirtschaftung der landwirtschaftlichen Flächen haben Einfluß auf die Gestaltung und letztlich auch auf die Auswahl des zu verwendenden Pflanzenmaterials.

Pflanzenmaterial

Grundlage für die Pflanzenauswahl ist die potentiell natürliche Vegetation, also die Vegetation, die an dem Standort wachsen würde, wenn der Einfluß des Menschen schlagartig aufhören würde. Das bedeutet, daß durchaus Pflanzen Verwendung finden können, die nicht der realen Vegetation entsprechen. Das kann z.B. dann der Fall sein, wenn Veränderungen am Boden-Wasser-Haushalt vorgenommen wurden, die das Wachstum der ursprünglichen Vegetation nicht mehr zulassen.

Die reale Vegetation (z.B. Schwarzdorngebüsche), also die am Ort bestehende Vegetation, ist der "Rest" der potentiell natürlichen Vegetation, so daß diese rudimentären Bestände nicht in jedem Fall als Grundlage für die Pflanzenauswahl angesehen werden können. Gleichwohl kann die reale Vegetation wertvolle Hinweise für die Auswahl der Pflanzen geben.

Bei der Auswahl der einzelnen Pflanzenarten ist
- das Wuchsverhalten der Pflanzen untereinander für das Funktionsziel von entscheidender Bedeutung.

Pflanzensortiment

Aufgrund der über 30-jährigen Erfahrung der Verwaltung muß festgestellt werden, daß bei der Verwendung von Pflanzenmaterial sich die 2 x verschulte Pflanze, aus mittelweitem Stand, in der Größe von 1,00 m bis 1,20 m am besten bewährt hat. Abweichungen hiervon sind je nach Wuchsverhalten bzw. nach Erfordernissen notwendig.

Die Verwendung von 2 x verschulten Pflanzen ist deshalb notwendig, da oft in Flurbereinigungsverfahren Pflanzungen in völliger Isolation von anderen Gehölzen vorgenommen werden müssen. Die Pflanzungen sind zum Zeitpunkt der Anlage völlig ungeschützt insbesondere vor klimatischen Einwirkungen und Einwirkungen von Gräsern und Kräutern. Die Wüchsigkeit der gesamten Pflanzung beginnt erst dann, wenn ein gewisser Grad von Dichtigkeit des Bestandes (Blätterschluß) erreicht ist. Erst dann entsteht ein spezifisches Wuchsklima und der Unkrautwuchs wird durch den Schattenwurf der Pflanzen unterdrückt. Bis zu diesem Zeitpunkt, der nach ca. 3 Jahren erreicht ist, unterliegen die Pflanzungen einer Streßsituation und müssen entsprechend geschützt und gepflegt werden. Das heißt, die zu verwendenden Pflanzen müssen für die vorgesehenen Anlagen in den Baumschulen entsprechend vorbereitet werden. Die Verwendung von autochtonen Pflanzen, z.B. aus Waldbeständen, ist daher nur möglich, wenn eine entsprechende intensive Anwuchspflege gewährleistet ist. Auch die Verwendung kleinerer Pflanzengrößen, um Kosten zu sparen, ist aus den angeführten Gründen nicht zu empfehlen.

Pflanzenanordnung

Für das Gelingen von Neupflanzungen ist Mitvoraussetzung die Zuordnung der Pflanzenarten nach ihren Wuchseigenschaften. Starkwüchsige Pflanzen sind schwachwüchsigen Pflanzen so zuzuordnen, daß letztere auch längerfristig existieren können. Das bedeutet, daß z.B. schwachwüchsige Pflanzen in größeren Gruppen zusammengefaßt werden müssen als starkwüchsige. Der stufige Aufbau der Anlage ist dabei zu gewährleisten. Weiterhin sind spezifische Eigenschaften von einzelnen Pflanzenarten zu berücksichtigen, die zur Beeinträchtigung der benachbarten Nutzung führen können wie:
- Wurzelwachstum
- Nährstoffentzug

- Kronenausbildung
- Zwischenwirte für Nutzungsschädlinge.

Um die Zuordnung der Pflanzen untereinander optimal zu gestalten, hat es sich bewährt, sogenannte Pflanzschemata zu entwickeln. In ihnen werden auf bestimmter Länge (ca. 20 bis 25 m) die Pflanzen unter Berücksichtigung der angeführten Kriterien zueinander geordnet. Bei gekonnter Anordnung der Pflanzen kann die Wiederholung des Schemas so eingerichtet werden, daß eine monotone Wiederholung bei linienhaften Pflanzungen vermieden werden kann. Der Pflanzabstand in der Reihe sollte zwischen 1 m bis 1,20 m liegen, der Reihenabstand ca. 1,20 m bis 1,50 m. Dieser enge Pflanzabstand ist erforderlich, um in absehbarer Zeit (2 bis 3 Jahren) den Blätterschluß zu erreichen. Eine Auslichtung im Rahmen der Unterhaltungsarbeit ist erforderlich.

Anwuchsschutz und Anwuchspflege

Die Neuanlagen bedürfen eines Schutzes gegen Wildverbiß, aber auch gegen die Einwirkungen des im Raum wirtschaftenden Menschen. Je exponierter eine Neuanlage ist, desto intensiver muß der Schutz sein. In Ackerlagen bedeutet dies in der Regel einen Schutzzaun oder bei Bäumen einen Schutz mit 3 Pfählen. In weniger exponierten Lagen genügen Drahthosen bzw. Spiralen. Wildverbißmittel sind nur dann vertretbar, wenn die Mittel jährlich aufgebracht werden können. Völlig auf einen Schutz kann man verzichten, wenn Neuanlagen in Bereichen angelegt werden, in denen ein hoher Anteil an Feldgehölzen besteht.

Die Anwuchspflege beginnt mit dem bei der Pflanzung durchzuführenden Rückschnitt von Wurzel und oberirdischen Trieben und setzt sich in der Offenhaltung der Pflanzenscheibe bis zum Blätterschluß fort.

Wird der Krautwuchs bei Neupflanzungen nicht zurückgedrängt, kann es je nach Wüchsigkeit der vorhandenen Vegetation (z.B. Gräser und Kräuter bei feuchten Standorten) zu einem Totalausfall kommen.

Unterhaltung

Die langfristige Sicherung der Unterhaltungsarbeiten ist Voraussetzung für die Erhaltung der beabsichtigten Funktionen der Gehölzanpflanzungen. Sie ist schon während der Planung und der Abstimmung der Maßnahmen zu betreiben, so daß nach Abschluß der Anwuchspflege die Unterhaltungsarbeiten nach Art und Umfang dem Träger der Unterhaltung bekannt sind. In Flurbereinigungsverfahren werden deshalb nach Abschluß der Herstellung der Anlagen, also nach der Anwuchspflege, Übergabeprotokolle mit stichwortartigen Angaben über Zeiintervalle, Art und Umfang der Unterhaltungsarbeiten, dem Träger übergeben. Darüber hinaus sind die Ämter für Landwirtschaft und Landentwicklung angewiesen, die Träger bei der Unterhaltung zu beraten.

3. Durchführung landschaftsgestaltender bzw. landschaftspflegerischer Anlagen in Flurbereinigungsverfahren

In Flurbereinigungsverfahren werden Feldgehölze mit den unschiedlichsten Funktionen erstellt. Sie lassen sich in 3 Artengruppen einteilen.

- Feldgehölze mit überwiegend biotopbildendem Charakter
- Feldgehölze mit überwiegender Schutzfunktion
- Feldgehölze und sonstige Pflanzungen mit überwiegend landschaftsgestalterischen Funktionen.

Die unterschiedlichen Funktionen überschneiden und ergänzen sich. Sie werden im landschaftspflegerischen Begleitplan festgelegt.

Die Erstellung der Bepflanzungspläne bzw. Pflanzschemata ist die Grundlage für die Abstimmung der Maßnahmen mit dem Vorstand der Teilnehmergemeinschaft und - soweit vereinbart - mit den Naturschutzstellen. Aus ihnen ist dann auch der Flächenbedarf zu entwickeln. Soweit es sich um gemeinschaftliche, das heißt um Anlagen der Teilnehmergemeinschaft handelt, geht der Flächenbedarf wie auch die Finanzierung zu Lasten der Teilnehmergemeinschaft. Zu den gemeinschaftlichen Anlagen zählen in der Regel Pflanzungen an Wegen und Gewässern sowie landschaftsgestaltende Anlagen.

Anlagen, die im überwiegenden Maße dem Biotopschutz, insbesondere der Schaffung von besonderen Biotopstrukturen dienen, sind sogenannte öffentliche Anlagen, für die nach dem Flurbereinigungsgesetz die Teilnehmer zu entschädigen sind. Da Geldmittel für den Flächenkauf solcher Anlagen nicht zur Verfügung stehen, können solche Anlagen nicht in dem notwendigen Umfang geschaffen werden. Hier wäre es dringend erforderlich, daß - wie in anderen Bundesländern - Haushaltsmittel bereitgestellt würden. Ähnliches gilt für die Sicherung bestehender wertvoller Biotopstrukturen in den Verfahrensgebieten.

Die Ausführung der Maßnahmen vor Ort geschieht durch die Vergabe an Unternehmer, durch eigene Arbeitskräfte und/oder durch freiwillige Helfer.

Dipl. Ing. Hans Peltzer
Dezernent für Landespflege
in der Flurbereinigung
Hessisches Landesamt für Ernährung,
Landwirtschaft und Landentwicklung
Parkstraße 44
6200 Wiesbaden

Straßenbegleitgrün als belebendes Element der Landschaft

Dipl.Ing. Wolf-Dietrich Rademann
Straßenbauamt Kassel

Gliederung:

Einführende Erläuterung zum Begriff "belebend"
und zum ökologischen Wert des Straßenbegleitgrüns.
1. Fakten und Daten
2. Auswirkungen der Verkehrsader "Straße".
3. Entwicklung des Landschaftsbaues und der
   Landespflege bei der Hessischen Straßenbauverwaltung
4. Wandlungen des Straßenbegleitgrüns
5. Abhängigkeiten des Straßenbegleitgrüns
6. Umdenkungsprozeß
Straßenbegleitgrün: Anlage, Pflege, Wirkung,
Ausgleichspotential, Wert.
Zusammenfassende Schlußbemerkungen.

Einführung

Dem Begriff "belebend" ordne ich im Zusammenhang mit dem Straßenbegleitgrün unterschiedliche
Inhalte zu. Ich meine, es wirkt in zweifacher Weise
belebend.

- (1) In oft weitgehend ausgeräumten, wenig belebten, intensiv genutzten landwirtschaftlichen Bereichen (Kultursteppen) belebt das Straßenbegleitgrün die Landschaft durch seine gliedernde
und vernetzende Wirkung.
- (2) Durch seine Funktion als Lebensraum für
Tiere und Pflanzen - Standort, Nahrung, Zuflucht
u.a. - bietet es Überlebenschancen; hier wird sein
belebender Charakter deutlich sichtbar.

Inwiefern Straßenränder einen potentiellen Lebensraum für Pflanzen und Tiere darstellen, darüber wird
viel gesprochen und geschrieben.

Als Landespfleger bei der Hess. Straßenbauverwaltung will ich versuchen, darzustellen, daß der unterschiedliche Biotopcharakter der Straßenrandflä-
chen und damit des Straßenbegleitgrüns wesentlich
von der Qualität und Gestaltung dieser Anlagen abhängig ist.

Ich behaupte allerdings, daß in einer landwirtschaftlich oder forstwirtschaftlich intensiv genutzten Kulturlandschaft eine Straße fast immer zur Erhöhung
des ökologischen Wertes dieses Landschaftsraumes
führt. Voraussetzung dafür ist allerdings, daß für Naturhaushalt und Landschaftsbild optimale Aus-
gangssituationen geschaffen werden.

1.1   Fakten und Daten:

Die **Länge des klassifizierten Straßennetzes** in der
Bundesrepublik Deutschland ist seit 1955 stetig ge-
stiegen:

1955	rd. 129 200 km	(2.200 km BAB)
1965	rd. 151 800 km	(3.200 km BAB)
1976	rd. 169 100 km	(6.200 km BAB)
1987	rd. 73 400 km	(8.400 km BAB)
1989	rd. 173 700 km	(8.700 km BAB)

Straßen haben an der Fläche des Bundesgebietes
einen Anteil von rd. 1,3 %

Der **PKW-Bestand** hat in den vergangenen
50 Jahren ständig zugenommen:

1938	rd. 0,723 Mill.
1953	rd. 1,180 Mill.
1960	rd. 4,500 Mill.
1965	rd. 9,300 Mill.
1976	rd. 8,900 Mill.
1979	rd 22,500 Mill.
1987	rd. 27,900 Mill.
1990	rd. 30,000 Mill.

Flächenverbrauch: (Beeinträchtigung der Landschaft) je 1 km BAB werden bis zu 10 ha Fläche in
Anspruch genommen (teilweise nur vorübergehend).

Versiegelt werden: je km BAB ca. 20.000 qm, je km
anderer klassif. Straßen ca. 6000 - 7000 qm.

Die **Vegetationsflächen** an Straßen bedecken mit
350.000 ha rd. 1,5 % der Fläche der Bundesrepublik
Deutschland.

2.2   Auswirkungen der Verkehrsader "Straße"

Wie andere Verkehrsadern auch beeinflußt die
Straße in zweifacher Weise die Umwelt:

Foto 1: BAB A4 Südtangente Kassel - in der Anlage 1979

Die **Anlage** des Bauwerkes Straße bedingt Bauwunden, Flächenverlust, Zerschneidung, Beeinträchtigung des ökologischen Wertes u.a..

Der **Verkehr** auf der Straße bringt als Dauerbelastung Emissionen mit sich: Abgase, Staub, Salz, Lärm, Fahrtwind u.a..

Ob bzw. wie das Straßenbegleitgrün bei beiden Faktoren minimierend bzw. ausgleichend eingesetzt werden kann, werde ich später zu erklären versuchen.

3. Entwicklung des Landschaftsbaues und der Landespflege bei der Hessischen Straßenbauverwaltung

Die Entwicklung des Landschaftsbaues und der Landespflege bei der Hess. Straßenbauverwaltung läßt sich vereinfacht in 3 Phasen beschreiben:

(I) **ca. 1960-1972**: das Landschaftsbild steht neben der Sicherung des Bauwerkes Straße im Vordergrund. Behebung der baubedingten Schäden; dekorativ-gestaltend.

(II) **ca. 1973-1981**: schneller Übergang zu großzügigen Pflanzungen auch zur Erfüllung der Naturschutzgesetze von 1935.

(III) **ca. 1981-1990**: Zunehmender Bewußtseinswandel - neue Naturschutz-Gesetze: Eingriffe in Naturhaushalt und Landschaftsbild müssen ausgeglichen werden.

Von diesem sprunghaften Wandel wurde auch das Straßenbegleitgrün stark beeinflußt.

4. Wandlungen des Straßenbegleitgrüns

Der Wunsch nach vermehrtem Individualverkehr mit stetig steigenden PKW-Zahlen bedingte einen großzügigen Ausbau des Straßennetzes: Im Sinne des Wirtschaftwundergedankens nahm die Tendenz zu breiteren, besser trassierten Straßen für einen schnell-fließenden-Verkehr zu.

Daraus resultierte auch ein großzügiger Einsatz des Straßenbegleitgrüns zur:

● **Sicherung des Bauwerkes Straße**: dichte Rasennarbe, tiefwurzelnde, schnellwachsende Gehölze, hoher Pionieranteil. Erosionsschutz ebenfalls durch ingenieur-biolog. Maßnahmen.

Foto 2: BAB A4 Südtangente Kassel - Bestand 1987

- Verbesserung der **Verkehrssicherheit**: Leitpflanzungen, Windschutz, Blendschutz, Rastflächen.
- **Schutz von Siedlungen und anderen benachbarten Bereichen** gegen Emissionen: Abgase, Staub, Salz, Lärm u.a.
- **Erhöhung des ökolgischen Wertes**: Nähr- und Nistgehölze v.a. für Vögel, Unterschlupf für Kleinsäuger, Schmetterlinge, Käfer und viele andere; positive Einflüsse auf den gesamten Naturhaushalt, z.B. Klima und Wasserhaushalt.

5.   Abhängigkeiten des Straßenbegleitgrüns:

Von vielen Seiten ergaben sich jedoch Bedingungen und Zwänge, die die Anlage und/oder Wirksamkeit des Straßenbegleitgrüns einschränkten:

- Forderung nach **Ordnung und Sauberkeit** auch im Straßenseitenraum und der ständige Druck vieler Anlieger infolge einer Unkrautverordnung, die von 1960 bis 1982 gültig war.
Ein anfänglich sehr großer Anteil von Mähflächen führte zu erheblichen Pflegekosten. Auch die chemische Industrie machte große Anstrengungen mit Hilfe der "chemischen Sense" oder durch

Wuchshemmer und besonders auch mit Pestiziden erfolgreich ins Geschäft zu kommen - sicherlich wenig umweltfördernd.

- Eine **flächenhafte Bepflanzung** mit Gehölzen sollte hier langfristig die Unterhaltungskosten senken und zur Verbesserung der Arbeitsbedingungen - Sicherheit des Personals vor Ort - führen.
- Das Verbot der Spike-Reifenbenutzung bei Gewährleistung einer gleichbleibenden Sicherheit für den Straßenbenutzer brachte einen **erhöhten Streusalzeinsatz** mit sich.
- Hieraus folgerte eine starke **Schädigung** vor allem **der heimischen Gehölze**, so daß manches salzverträglichere Fremdgehölz verstärkt zum Einsatz kam. Gleiches gilt für trockenheits- und windverträgliche Holzarten.
- Schließlich waren es wieder die eingeschränkten finanziellen Mittel, die die dringend notwendige Pflege, die zur Weiterentwicklung und Optimierung des Straßenbegleitgrüns hätte führen können, weiter verzögerte. Ökologische und wirtschaftliche Schäden bleiben nicht aus.

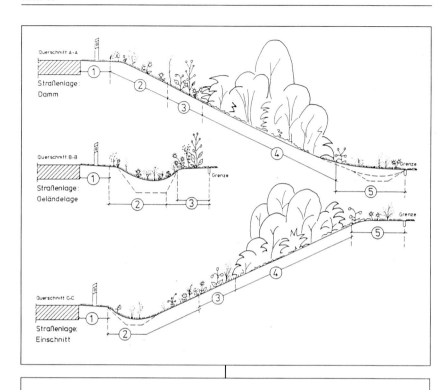

Straßenlage \ Straßenbegleitland	①	②	③	④	⑤
Damm	Seitenstreifen (Bankett) Schnittbreite ~1m	Seitenstreifen/Böschungsbereich ohne Gehölz	oberer Gehölzrand (Saumbiotop)	Böschungsbereich mit Gehölz	Außenstreifen/ Mulde/Graben (Saumbiotop)
Geländelage	"	Seitenstr./Mulde/Graben (Innenböschung,Sohle)	Außenstreifen (Saumbiotop)	–	–
Einschnitt	"	Mulde/Graben/Böschungsbereich ohne Gehölz	unterer Gehölzrand (Saumbiotop)	Böschungsbereich mit Gehölz	Außenstreifen (Saumbiotop)
Pflegeintensität	intensiv	extensiv *	extensiv	nach Gehölzpflegeprogramm	wie ③
Bewuchs	Landschaftsrasen	Mähwiese, Magerrasen, Hochstaudenflur, (Heide)	Hochstaudenflur Kräutersaum	Feldhecke, geschlossene Gehölzfläche	"
Pflegeart	Mähen u. Abräumen, ggf. Schlegeln ohne Abräumen	Mähen und Abräumen oder Schlegeln ohne Abräumen	Mähen möglichst mit Abräumen	Läuterung, Verjüngung, Plentern/Pionier-,exotische und standortfremde Gehölze entfernen	"
Pflegehäufigkeit	in der Regel 2 Schnitte/Jahr	1–2 Schnitte/Jahr bzw. 1 Schnitt alle 2–3 Jahre *	alle 2–3 Jahre	alle 5–8 Jahre	"
Pflegezeitpunkt	nach Bedarf	1. Mahd: ab Mitte Juni 2. Mahd: ab September bei einer Mahd: nach Bedarf möglichst ab Spätsommer	ab September	landesübliche Bestimmungen beachten	"
Bemerkungen	–	* Die Pflegehäufigkeit richtet sich nach Bewuchsart u. den Anforderungen der Sicht und Entwässerung.	Verbuschung verhindern durch rechtzeitige Beseitigung von Gehölzen	–	"

6. Umdenkungsprozeß

Erst Ende der siebziger Jahre beginnt ein Umdenkungsprozeß, der auch in Verbindung mit den neuen Naturschutzgesetzen sowohl beim Straßenbau als auch bei Verkehrsteilnehmern zu gewandelten Einsichten führt.

Umweltschutz und Landespflege werden zu maßgebenden Faktoren.

Im Planungsprozeß sind **Variantenuntersuchungen** an der Tagesordnung: minimierte Beeinträchtigung und Erhaltung von Biotopen.

Die **Versiegelungsflächen** werden **minimiert**, z.T. zurückgebaut und rekultiviert.

Den Forderungen und gesetzlichen Verpflichtungen nach **Ausgleichs-** und **Ersatzmaßnahmen** wird großzügig Rechnung getragen.

Innerhalb der Ortslagen werden verstärkt Maßnahmen zur Sicherheit von Fußgängern und Radfahrern durchgeführt: **Rückbau und Verkehrsberuhigung** mit entsprechenden Anteilen von Staßenbegleitgrün.

Ein weiterer bedeutender Entwicklungsschritt ist die Einführung der **Umweltverträglichkeitsprüfung.**

Mit diesem Instrumentarium, das bei jeder Straßenbaumaßnahme in mehreren Stufen eingesetzt wird, sind auch in Zukunft Schutz, Sicherung, Neuanlage und Pflege des Straßenbegleitgrüns als Teil der Straßenbaumaßnahme festgelegt und abgesichert.

Straßenbegleitgrün

Aus den vorhin genannten Gründen wird nicht jedes Straßenbegleitgrün das gewünschte Ziel und eine optimale Funktion - zum Beispiel als **Ausgleichspotential** - erreichen.

Wenn es anlagebedingt nur einen geringen Biotopwert besitzt, so mag seine **Wirkung** als Schutzschild für angrenzende Bereiche, die Mensch, Tier und Pflanze zur Ernährung, Wohnung oder Erholung dienen, dennoch von besonderer Wichtigkeit sein.

Der **Wert** eines bestimmten Straßenbegleitgrüns wird schließlich davon abhängen, ob es gelingt, beispielsweise einen artenreichen Kraut- und Gehölzbestand so in eine vorhandene oder als Ausgleich geschaffene Biotopvernetzung einzubinden, daß fließende Übergänge entstehen und ein stetiger Austausch oder Wechsel möglich ist.

Über bestimmte Voraussetzungen, über Zwänge und Zukunftschancen der grünen Straßenseitenräume habe ich eben vorgetragen. Von der praktischen Seite möchte ich anhand einiger Bildbeispiele noch berichten.

Anlage und **Aufbau** von Grün- und Gehölzflächen entlang der Straßen und Autobahnen sind abhängig von den zur Verfügung stehenden Flächen, der Topografie, den Standortsbedingungen und nicht zuletzt von der Zielsetzung bezüglich ihrer Wirkungsweisen und örtlichen Funktionen.

Sind aber Anlage und Anfangswirkung noch so gut gelungen, so ist es doch unverzichtbar, diese "künstlich" gebildeten Pflanzengesellschaften für viele Jahre, oft sogar jahrzehntelang zu überprüfen und zu steuern.

Hier sind dann mehrere **Pflegemaßnahmen** zur Steigerung des ökologischen und gestalterischen Wertes erforderlich, um einen dauerhaften Bestand heranwachsen zu lassen, der zugleich dem Naturhaushalt als auch dem Landschaftsbild dient.

Das Gelingen solcher Maßnahmen kann meist erst von späteren Generationen beurteilt werden.

Schlußbemerkungen:

Wie schnell der Weg von der gewandelten Einstellung bis zur tatsächlichen Verhaltensänderung beschritten werden wird, ist noch nicht abzusehen.

Solange die Mehrheit der Menschen in Europa und darüber hinaus das Ziel verfolgt, jederzeit mobil zu sein und mit dem Auto individuell und schnell auch große Entfernungen zu überwinden, wird die Folge sein:

Abb. 1, 2: Pflege der Seitenflächen

Auszug aus dem "Merkblatt für den Unterhaltungs- und Betriebsdienst an Straßen/Teil Grünpflege. 1988 von der Forschungsgesellschaft für das Straßen- und Verkehrswesen herausgegeben.
Diese Pflegearbeiten werden von der Straßenbauverwaltung zunehmend durchgeführt. Modellversuche und Erfahrungen in der Praxis werden auch hier zur weiteren, verbessernden Entwicklung beitragen.

Die von Menschen verursachten negativen Auswirkungen von Straße und Verkehr beeinträchtigen in erster Linie die Menschen selbst. Wir alle stören unsere eigene Lebensgrundlage - die von Tier und Pflanze belebte Umwelt. Wie lange die Natur diese Störung aushält, weiß niemand - zumal die Straße ja nur ein Störfaktor von vielen ist.

Wir können eigentlich nur bestrebt sein, unseren Verstand einzusetzen - jeder an seinem Platz - und der Natur fördernd und schützend unter die Arme zu greifen.

Dipl. Ing. Wolf Dietrich Rademann
Straßenbauamt Kassel
Kölnische Straße 69
3500 Kassel

Literatur

- ELSNER: Handbuch für Straßen- und Verkehrswesen. Mehrere Jahrgänge
- ELLENBERG & MÜLLER & STOTTLE 1981: Straße und Ökologie. Deutsche Straßenliga
- ELLENBERG & STOTTLE 1984: Möglichkeiten und Grenzen der Sukzessionslenkung im Rahmen straßenbegleitender Vegetationsflächen. in: BUNDESMINISTERIUM FÜR VERKEHR: Forschungsberichte Heft 459
- BUNDESMINISTERIUM FÜR VERKEHR 1981: Umweltgerechte Straßenplanung. Forschungsberichte Heft 352
- BUNDESMINISTERIUM FÜR VERKEHR 1985: Straße und freilebende Tierwelt. Forschungsberichte Heft 444
- BUNDESMINISTERIUM FÜR VERKEHR 1988: Merkblatt für den Unterhaltungs- und Betriebsdienst an Straßen, Teil: Grünpflege

Zeichnung

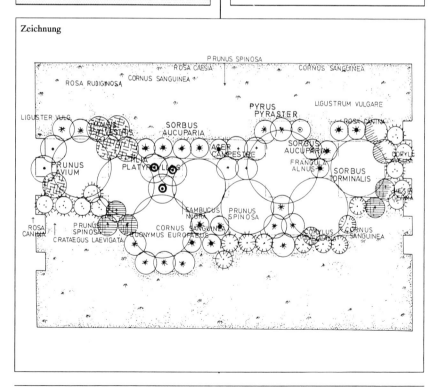

Die Problematik der Gehölzauswahl

Heinz Grönlund

Baumschule Appel

Darmstadt

Nachdem jahrzehntelang, oft in Zusammenhang mit Flurbereinigungsmaßnahmen, das "Gestrüpp" aus der Landschaft entfernt wurde als vermeindliche "Bereinigung", herrscht seit einiger Zeit ein Gegentrend: Erhaltung der Natur, Schutz der Umwelt.

Es hat sich die Tendenz herausgeschält, den Menschen als Feind der Natur zu sehen. Er muß ausgezäunt werden, im wahrsten Sinne des Wortes: hier Naturschutzgebiet, Naturleben, dort der Mensch mit seinen Wohngebieten, Industrie- und Verkehrsanlagen, beides, möglichst auch gesetzlich, voneinander getrennt.

Dahinter steht mehr oder weniger der Gedanke: wenn es nur den Menschen, diesen Ausbeuter, dieses habgierige und zerstörerische Wesen nicht gäbe, dann könnte die Natur sich regenerieren und ohne Störung wieder zu paradiesischen Zuständen zurückkehren. Der Mensch wird dabei als höher entwickeltes Tier angesehen, das mit der Ökologie keine positive Verbindung mehr hat und dessen schädliche Auswirkung bestenfalls begrenzt werden kann.

Insgesamt wird der Mensch also als Problem gegenüber der Natur angesehen. Demgegenüber sollten wir uns um zwei Fragen nicht herumdrücken:

1. Welchen Sinn könnte eine Natur haben, die den Menschen nicht enthält? Wer könnte ihren Sinn finden oder ihr einen Sinn geben?

2. Wie sähe die Erde ohne den Menschen heute aus? Welcher Teil der Erde und der Natur steht völlig außer dem Einfluß des Menschen und seiner Zivilisation und Technik?

Stellen wir die zweite Frage für den besiedeltsten Teil der Erde, für Europa, müssen wir sagen: Europa enthält keine Ur-Natur sondern überwiegend Kultur-Natur.

Gerade dort, wo der Mensch in die Naturzusammenhänge eingegriffen hat, entwickelte sich eine neue, unglaublich vielfältige Natur. Die harmonische Durchdringung von Wald, Feld und Flur, von Ackerbau, Obstbau, Gartenbau, Fischzucht, Imkerei, die Gliederung der Landschaft durch Wohngebiete, Wegenetze ist in keiner noch so natürlichen Naturlandschaft gelungen wie dort, wo Menschen in Liebe und Ehrfurcht die Roh-Natur in Kultur-Natur umgewandelt haben.

Erst nach dem Aufbrechen des undurchdringlichen Urwaldes, durch das Schlagen von Lichtungen, durch die Bearbeitung der Landschaft, entstanden die Innenränder, die völlig neue Lebensbedingungen und Entwicklungsmöglichkeiten für die Tier- und Pflanzenwelt boten.

Zumindest hier verdankt die Natur ganz eindeutig dem Menschen ihre Existenz. Erst in jüngerer Zeit ist durch eine einseitig materialistische Betrachtungsweise die alte geistverbundene mitteleuropäische Landbaukultur in die Dekadenz gekommen.

Durch die überbordende Technik, ihre hemmungslose Anwendung ist die akute Gefahr entstanden, daß der Mensch die Natur zerstören könnte, ja, weite Teile bereits zerstört hat. So liegen also gleichermaßen Segen und Unsegen im Verhältnis des Menschen zur Natur. Gehen wir an die erste Frage heran, dann müssen wir zugeben: ohne den Menschen hätte die Natur keinen Sinn, sie wäre nicht denkbar. Die Zukunft der Natur ist also in unsere Hand gelegt, an uns liegt es, welche Natur wir in Zukunft haben werden.

Was wir in uns an geistigen Einsichten entwickeln, wird äußere Natur werden, wird zu heilsamen Zukunftimpulsen. Die ungeistigen Gedanken, die gegenwärtig vielfach herrschen, werden, wie man sieht, nur immer weiter in die Zerstörung führen.

Wir brauchen eine erweiterte Naturwissenschaft, die zugleich Geisteswissenschaft ist, die möglich macht, daß Liebe und Ehrfurcht im Denken wirken.

Diese Geisteswissenschaft, die nun schon fast ein Jahrhundert alt ist, bietet genügend Ansätze, um ein segensvolles Miteinander von Mensch und Natur zu ermöglichen.

Es gilt also bei allen Maßnahmen der Landschaftsgestaltung, uns selbst als integralen Bestandteil der Ökologie zu begreifen. Was wir pflanzen, was wir gestalten bleibt in unserer Verantwortung und Pflege. Wir können also nicht mehr die Natur sich selbst

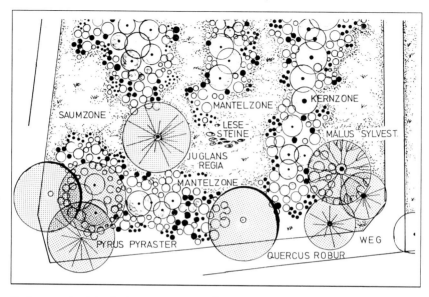

überlassen, sondern haben für sie die Verantwortung übernommen.

Bei der Anlage von Feldgehölzen, Hecken, Straßenbegleitgrün und Waldmänteln stellt sich die Frage der Gehölzauswahl. Es versteht sich von selbst, daß die "heimischen" Gehölze eine dominante Rolle spielen. Überläßt man diese Frage der Natur, dann dauert es aber u.U. sehr lange, bis in der Sukzession, wenn überhaupt, eine wünschenswerte und sinnvolle Pflanzengesellschaft erscheint. Es muß also im allgemeinen gezielt gepflanzt werden, zumal viele Arten oft im weiten Umkreis verschwunden sind, also auch sukzessiv kein Ansatz vorhanden ist.

Wir haben uns in jüngster Zeit angewöhnt, den Begriff "heimisch" sehr eng zu fassen:

einmal zeitlich (also ausschließlich das, was nach der Eiszeit übrig geblieben ist), zum zweiten räumlich, also alles was im nächsten Umkreis wächst, was dort noch möglichst Unterrassen ausgebildet hat, was "autochton" ist.

Dabei wird die Autochtonie für Europa von namhaften Wissenschaftlern allerdings stark angezweifelt. Das Prinzip der Inzucht war früher einmal Voraussetzung von Höchstleistungen und Gesundheit. Heute ist eher das Gegenteil der Fall.

Wir haben seit wenigen Jahrtausenden eine Zunahme der Wärme auf der Erde festzustellen. Es gibt Gesichtspunkte, die ein Wieder-Kälterwerden in der Zukunft erwarten lassen.

Wenn nun ein ökologisches System sehr eng an ein bestimmtes Klima angepasst ist, dann ist es bei Schwankungen besonders gefährdet, wobei diese Schwankungen gegenwärtig und sicher noch mehr in Zukunft sehr stark von der Tätigkeit des Menschen abhängig sind (s.o.). Um hier für die Zukunft ein Höchstmaß an Gesundheit der Landschaftsökologie zu veranlagen, sollte der Gesichtspunkt "heimisch" ausgeweitet werden, zumindest auf "standortgerecht".

Aus jüngsten Veröffentlichungen läßt sich entnehmen, daß in sog. "Exotenwäldern" der Besatz an Vögeln, Insekten, Reptilien, aber auch an Kräutern der Wildflora bis zum Vierfachen höher ist als bei rein heimischen Anpflanzungen.

Das bedeutet für die Gehölzauswahl, daß wir unsere Gesichtspunkte sehr genau daraufhin prüfen müssen, ob sie die eigentlichen Zunkunftsaspekte genügend einbeziehen.

Das Saatgut für Heckengehölze, aus denen in Baumschulen Pflanzen herangezogen werden, stammt in der Regel nicht aus dem nächsten Umkreis. Es wird dort geerntet, wo es preisgünstig, d.h. auch in genügender Menge zu ernten ist.

Die Herkünfte sollen klimatisch angepaßt sein, d.h. sie müssen mit dem sehr ungleichmäßigen mitteleuropäischen Klima zurechtkommen. Dieses ist geprägt von einem ständigen Wechsel von Seeklimaphasen mit Kontinentalklimazeiten. Aus den genannten Gründen stammt das im Handel befindliche Sträuchersaatgut zum großen Teil aus dem osteuropäischen Bereich, vor allem Ungarn, Tschechoslowakei und Rußland.

Dazu gehören Feldahorn, Berberitze, Erbsenstrauch, Kornelkirsche, Hartriegel, Weißdorn, Ölweide, Pfaffenhütchen, Liguster, tatarische Hekkenkirsche, Traubenkirsche, Schlehe, Kreuzdorn, Pulverholz, Holunder, Eberesche, Schneeball.

Diese Arten werden teilweise auch in Deutschland, vor allem Süddeutschland geerntet. Das hängt auch stark mit den Fruktifikationsverhältnissen der einzelnen Jahre zusammen. Einige Arten wie Felsenbirne, Wildrosen, Heckenkirsche, Brombeere stammen fast ausschließlich aus Deutschland.

Der eingrifflige Weißdorn und die Haselnuß kommen fast nur aus Italien, der Sanddorn aus Frankreich.

Auch von den Sträucherstandorten in Deutschland ist in der Regel nicht zu sagen, seit wann sie hier "heimisch" sind, ob sie durch Menschen, Tiere (Vögel, Säugetiere) oder andere Umstände an den jeweiligen Standort gekommen sind.

Es scheint doch wohl das Schicksal Europas ganz besonders mit einem ständigen Wandel der Verhältnisse verknüpft zu sein.

So wird es wichtig sein, daß wir ein möglichst breites Spektrum an Herkünften nutzen, um auch zukünftig Klimaschwankungen gegenüber flexibel genug zu sein.

Gesundheit setzt auch für die Landschaft Vielfalt voraus. Was auf Dauer nicht vital genug ist, wird von der Natur selber ausgeschieden.

Einseitigkeit setzt einseitige Verhältnisse voraus und führt leicht in die Stagnation. Entscheidend im guten wie im schlechten Sinne ist für alle überschaubare Zukunft der Mensch.

Gärtnermeister Heinz Grönlund
Baumschule Appel
Brauchschneise 1
6100 Darmstadt

Ruppert

Dienstleister für Forst, Landwirtschaft und Kommunen

Es geht auch ohne Eigeninvestitionen!

Lohnunternehmen sind Maschinenbetriebe für die Land- und Forstwirtschaft und Kommunalbetriebe.

Astschere

Der Rückschnitt von Hecken und Astüberhang geschieht heute mit der Astschere. Unser Gerät - seit Jahren bewährt - hat viele Vorteile. Der Scherbalaken hat eine Arbeitsbreite von 2,3 m, eine Reichweite von etwa vier Metern und eine Reichhöhe von fast sieben Metern. Die Holzstärke kann bis 11 cm betragen. Durch das Arbeiten in Schubfahrt, mit dem Schneidbalken vorweg, kann auch in sehr engen Wegen gearbeitet werden.

Holzhäcksler

Soll bei dieser Arbeit das anfallende Holz mitbeseitigt werden, so kann unser Holzhacker Pöttinger-Wid-U am großen Unimog montiert, dieses besorgen. Das Häckselgut kann in die Hecke oder auf die Britsche des Unimogs geblasen werden.

Wir freuen uns über Ihre Nachfrage!

Deshalb unser Angebot:

Die Maschinelle Dienstleistung - die bessere Alternative

Wilhelm Ruppert - Lohnunternehmen

3505 Gudensberg - Kasseler Str. 29 - Tel.: 05603/2415

Die Astschere der Fa. Dücker ist an einem Grundgerät der Fa. Melio montiert. Stark zugewachsene Wege sind oft zu eng. Deshalb fährt unser MB-Trac 1500 in Schubfahrt so das auch der Schnitt schon nach innen versetzt erfolgen kann. Die Sichtverhältnisse verbessern sich für den Fahrer dadurch ebenfalls. Eine Verstellung des Messerbalkens kann in alle Stellungen vom Fahrersitz aus vorgenommen werden.
Die Maschine schneidet Gestrüpp und Äste bis 12 cm Durchmesser sauber ab, ohne Aufspaltung und Zerfransung der verbleibenden Aststümpfe. Es verbleibt eine glatte Schnittfläche und bietet somit gute Bedingungen für den Wiederaustrieb.
Der Ast- und Heckenschneider besteht aus einem grobgezahnten feststehenden und einem beweglichen Messer, welches durch einen Hydraulikzylinder angetrieben wird. Durch die verhältnismäßig langsame Bewegung (keine schnell rotierenden Teile) besteht keine Gefahr durch herumfliegende Holzstücke, Splitter oder Späne für den Fahrer und andere Personen.

Zur Astschnittbeseitigung empfehlen wir den Einsatz eines Häckslers, da sonst sehr hohe Transportkapazitäten benötigt werden. Wir können Ihnen einen Pöttinger-Wid-U Häcksler am Unimog U 1200 mit Fahrer zur Verfügung stellen. Als Alternative können Sie den Häcksler ohne Trägerfahrzeug anmieten.

Bei weiteren Fragen stehen wir Ihnen gern zur Verfügung.

Phytopathologische Aspekte der
Neuanlage von Hecken und Feldgehölzen

Priv.-Doz. Dr. rer. nat. Thies Basedow
Institut für
Phytopathologie und Angewandte Zoologie
Justus-Liebig-Universität Gießen

Einleitung

Heute darf davon ausgegangen werden, daß der hohe ökologische Stellenwert von Hecken und Feldgehölzen nicht mehr in Zweifel gezogen werden kann. Darauf ist auch auf dieser Tagung bereits deutlich hingewiesen worden. Mittlerweile konnte neben der Tatsache, daß viele Schädlingsfeinde auf Hecken als Lebensraum angewiesen sind, sei es auch nur kurzzeitig, z.b. im Winter (BASEDOW 1987), auch die ökonomische Bedeutung von Hecken und Feldrainen nachgewiesen werden: Zuckerrübenfelder, die in einer diversifizierten Gemarkung liegen, brauchen seltener mit Insektiziden behandelt zu werden als Felder in einer ausgeräumten Landschaft (BASEDOW 1990).

Es ist aber auch eine unbestreitbare Tatsache, daß eine gewisse Zahl schädlicher Organismen in Hecken ihre "Basis" haben kann, gebunden an bestimmte Straucharten. Diese Schadorganismen sollen hier aufgelistet werden, zusammen mit ihren Wirtssträuchern, um diese Kenntnisse bei der Neuanlage von Hecken berücksichtigen zu können. Zusätzlich sollen aber auch die Faktoren herausgestellt werden, die die nützlingsfördernden Eigenschaften der Hecken verstärken können.

Blattläuse/Virosen

Drei ackerbaulich wichtige Blattlausarten, die neben den durch sie verursachten Saugschäden auch Viruskrankheiten auf die Pflanzen übertragen können, finden ihre Winterwirte in Hecken.

1.   Die Schwarze Bohnenlaus,
    Aphis fabae Scop.

Dieser wichtige Schädling von Betarüben und Bohnen (*Vicia* und *Phaseolus*) hat das Pfaffenhütchen als Winterwirt (*Euonymus europaeus*). In England wurde nachgewiesen, daß die Befallsstärke der Bohnenlaus an Zuckerrüben positiv mit der Häufigkeit der Pfaffenhütchensträucher korreliert ist: je häufiger letztere waren, desto höher war der Blattlausbefall der Rüben (WAY & CAMMEL 1982). Sowohl an Rüben als auch an Bohnen können beim Saugen Viruskrankheiten übertragen werden.

2.   Die Hafer-Traubenkirschenblattlaus,
    Rhopalosiphum padi (L.)

Wie der deutsche Name sagt, ist die Traubenkirsche (*Prunus padus*) der Winterwirt dieser Getreideblattlaus, die hauptsächlich Hafer, Weizen und Gerste befällt und dabei starke Saugschäden verursachen kann. Zusätzlich überträgt sie ein Virus, das sehr negativ auf die Getreideerträge wirken kann. Bei Gerste bewirkt es die Gelbverzwergung, bei Hafer die Haferröte; bei Weizen besteht über die Symptomausprägung noch keine abschließende Klarheit. In Norddeutschland wurde nachgewiesen, daß der Befall von Haferfeldern durch *R. padi* mit zunehmender Entfernung vom Winterwirt abnimmt. Abb.1 zeigt dieses Phänomen, wobei - wegen unterschiedlicher Anfälligkeit einzelner Hafersorten - nur die Felder berücksichtigt wurden, auf denen die besonders anfällige Sorte Leanda angebaut war. Die Auswirkung der Entfernung vom Winterwirt (Abszisse) ist sehr deutlich (BASEDOW 1980).

3.   Die Bleiche Getreideblattlaus,
    Metopolophium dirhodum (Walk.)

Diese Art befällt ebenfalls hauptsächlich Weizen, Hafer und Gerste, und zwar die Unterseite der Blätter. Dabei wird auch sie sowohl durch Ihre Saugtätigkeit als auch durch die Übertragung des Gerstengelbverzwergungsvirus schädlich. Ihre Winterwirte sind Rosenarten, sowohl in Hausgärten als auch die Hundsrose (*Rosa canina*) und die Kartoffelrose (*Rosa rugosa*). Besonders die massenweise Anpflanzung letzterer im Autobahnbereich muß von phytomedizinischer Sicht als Fehler bezeichnet werden (GRUPPE 1985).

Konsequenterweise sollten daher bei der Neuanlage von Hecken und Feldgehölzen Pfaffenhütchen,

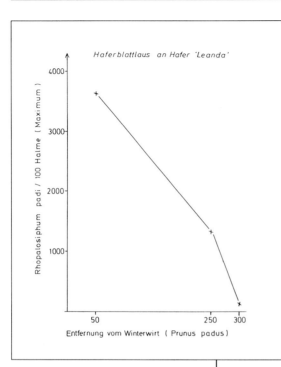

Abb. 1: Der Befall von Haferfeldern (Sorte Leanda) durch die Hafer-Traubenkirschenblattlaus in unterschiedlicher Entfernung von deren Winterwirt im Gebiet Brodersdorf/Laboe, Kreis Plön, 1976

Traubenkirsche und Rosen trotz ihrer Schönheit nicht gepflanzt werden, um diese wichtigen Biotope nicht bei den Landwirten in Verruf zu bringen und nicht durch Vermehrung der Schädlinge die Insektizideinsätze, die man reduziert sehen möchte, wieder zu fördern. Allerdings ist zu betonen, daß sich auch auf den genannten Winterwirten der schädlichen Blattläuse im Frühjahr Blattlausfeinde vermehren können (Marienkäfer, Schwebfliegen und Schlupfwespen), die dann direkt in die Felder einwandern, um die Blattläuse zu dezimieren (BODE 1980 u.a.). Insofern ist es kein Unglück, wenn sich auf natürliche Weise hier und da ein Individuum der genannten Pflanzen einfindet.

Besonders günstig lassen sich die Blattlausfeinde durch die Anpflanzung von Bergahorn (*Acer pseudoplatanus*) fördern. Auf diesem Baum lebt die Ahornzierlaus (*Drepanosiphum platanoides Schr.*) das ganze Jahr, also ohne Wirtswechsel (DIXON 1976). Von diesem Baum wandern also keine schädlichen Blattläuse in die Felder, wohl aber deren Feinde (Marienkäfer etc.).

Pflanzenkrankheiten

Auch hier sind drei Arten zu nennen, die mit Hekkensträuchern in Beziehung stehen.

1. Der Schwarzrost (*Puccinia graminis*)

Diese Pilzkrankheit aller vier Getreidearten hat unter den gemäßigten Bedingungen Mitteleuropas zwar nur eine geringe Bedeutung, bleibt aber doch eine latente Gefahr für den Getreideanbau (HOFFMANN & SCHMUTTERER 1983). Der wichtigste Winterwirt ist die Berberitze (*Berberis vulgaris*), die früher großen Ausrottungsaktionen unterlag und in Bayern stellenweise noch punktuell chemisch in Hecken bekämpft wird (PRILLWITZ in HEINZE 1983); wegen sehr weit zufliegender Sporen hat die Ausrottungsaktion nicht zu den erwarteten Erfolgen geführt. Dennoch sollten bei Heckenneupflanzungen keine Berberitzen gewählt werden.

2. Der Haferkronenrost (*Puccinia coronata*)

Diese Pilzkrankheit hat unter den mitteleuropäischen Witterungsbedingungen eine geringe Bedeutung, weil sie meistens so spät auf Hafer (insbesondere) übergeht, daß es nicht mehr zu meßbaren Schäden kommt (HOFFMANN & SCHMUTTERER 1983). Der wichtigste Winterwirt ist hier der Kreuzdorn (*Rhamnus catharticus*). Wer ganz sicher gehen will, daß neuen Hecken nichts Übles nachgesagt werden kann, sollte auch diese Strauchart nicht pflanzen.

3. Der Feuerbrand der Obstgehölze, *Erwinia amylovora*

Auch wegen dieser aus den USA über England eingeschleppten Bakterienkrankheit hat es anfangs umfangreiche Rodungsaktionen der Hauptwirtspflanzen gegeben. Dies sind *Crataegus*-Arten (Weißdorn, Rotdorn). Später wurde aber gezeigt, daß Weißdornpflanzen in ihrer Eigenschaft als Infektionsquelle nur dann eine Bedrohung von Obstanlagen darstellen, wenn sie sich näher als 300 m in deren Umgebung befinden (BILLING 1981). Demzufolge waren also die Rodungsaktionen eine übertriebene Maßnahme. Aber bei der Neuanlage von Hecken sollte beachtet werden, daß Weißdorn nur dann gepflanzt werden sollte, wenn die geplante Hecke über 300 m von der nächsten Obstanlage entfernt liegt.

Förderung von Nützlingen

Es ist sicher auch ein Ziel der Neuanlage von Hecken und Feldgehölzen, unser Landschaftsbild wieder aufzulockern und natürlicher zu gestalten. Daher sollte auch an den Hecken nicht allzuviel manipuliert werden, z.B. durch Einsaat von speziellen Blütenpflanzen. Blüten, die viele Nützlinge (insbesondere

Schlupwespen und Schwebfliegen) fördern, werden sich in einer naturnahen Hecke von alleine bilden. Um aber gut als Winterquartier für räuberische Käfer (Laufkäfer, Kurzflügelkäfer) geeignet zu sein, muß eine Hecke eine gute Laub-/Rohhumusauflage des Bodens bilden. Hierzu darf eine Hecke eine bestimmte Mindestbreite nicht unterschreiten. MADER et al. (1986) fordern eine Breite von 4 m. Diese wird sich aber nicht überall realisieren lassen, so daß hier von einer Mindestbreite von 2 m ausgegangen werden soll. Für die erfolgreiche Überwinterung der Käfer eignen sich im übrigen auch Altgrasstreifen ohne Hecken (DESENDER 1982, BASEDOW 1990). Auch hier ist allerdings davon auszugehen, daß auch schädliche Käferarten wie z.B. der Rapsglanzkäfer diese Strukturen zur Überwinterung annehmen. Im ganzen ist aber festzustellen, daß bezüglich des Pflanzenschutzes die positiven Wirkungen von Hecken und Feldrainen die negativen bei weitem überwiegen (BASEDOW 1987). Dies gilt insbesondere dann, wenn bei der Neuanlage die oben gegebenen Hinweise beachtet werden.

Da die Nützlingsförderung besonders bedeutsam ist, soll hier abschließend ein Beispiel über die diesbezügliche Bedeutung der Landschaftsstruktur gebracht werden.

In Bad Vilbel (Kreis Friedberg, Hessen) wurden 2 benachbarte Gemarkungen verglichen (Massenheim und Gronau), die sich in der Landschaftsstruktur sehr stark unterschieden, wie Tab. 1 ausweist. Die Feldgrößen waren unterschiedlich, besonders aber der Anteil von Randbiotopen, die für viele Blattlaus-

Tab. 1: Die Struktur von 2 Gemarkungen in Bad Vilbel (Hessen) und das daraus resultierende Nützlings-/Schädlingsauftreten an Zuckerrüben (1987/88)

Gemarkung	Gronau		Massenheim	
Durchschnittliche Feldgröße (ha)	1,3		5,7	
Überwinterungsbiotope für Nützlinge (ha)	11,5		1,7	
(Summe pro 150 ha)	(7,5%)		(1,1%)	
Jahr	1987	1988	1987	1988
Platynus dorsalis (Blattlausräuber) in 10 Bodenfallen (relativ)	100	100	3	0
Nützlinge pro 100 Rüben (relativ)	100	100	35	42
Blattläuse pro 100 Rüben (relativ)	100	100	1431	1834

antagonisten als Winterquartiere dienen. Aus diesen Unterschieden resultierten:

- starke Unterschiede in der Häufigkeit der Blattlausantagonisten
- sehr starke Unterschiede im Blattlausbefall an Zuckerrüben
- daraus resultierend eine geringere Notwendigkeit, dort Insektizide einzusetzen, wo die Landschaftsstruktur aufgelockert war (Tab. 1; nähere Einzelheiten: s. BASEDOW 1990).

Priv.-Doz. Dr. Thies Basedow
Institut für
Phytopathologie und Angewandte Zoologie
Ludwigstraße 23
D-6300 Giessen

Literatur

- BASEDOW, Th. (1980): Studies on the ecology and control of the cereal aphids (Hom., Aphididae) in Northern Germany. IOBC/WPRS Bull. 3, 4, 67-84.
- BASEDOW, Th. (1987): Die Bedeutung von Hecken, Feldrainen und pflanzenschutzmittelfreien Ackerrandstreifen für die Tierwelt der Äcker. Gesunde Pflanzen 39, 421-429.
- BASEDOW, Th. (1990): Der Einfluß von Feldrainen und Hecken auf Blattlausräuber, Blattlausbefall und die Notwendigkeit von Insektizideinsätzen im Zuckerrübenanbau. Ein Fallbeispiel. Gesunde Pflanzen 42 (im Druck).
- BILLING, E. (1981): Hawthorn as a source of the fireblight bacterium for pear, apple and ornamental hosts. In: THRESH,J.M. (Ed.) Pests, Pathogens and Vegetation. The role of weed and wild plants in the ecology of crop pests and diseases. Pitman (Boston), 121-130.
- BODE, E. (1980): Untersuchungen zum Auftreten der Haferblattlaus *Rhopalosiphum padi* (L.) (Homoptera: Aphididae) an ihrem Winterwirt *Prunus padus* L.-I. Z. angew. Entomol. 89, 363-77.
- DESENDER, K. (1982): Ecological and faunal studies on Coleoptera in agricultural land. II. Hibernation of Carabidae in agroecosystems. Pedobiol. 23, 295-303.

- DIXON, A.F.G. (1976): Biologie der Blattläuse. Stuttgart, New York (G. Fischer), 82 S.
- GRUPPE, A. (1985): Beobachtungen zur Entwicklung der Frühjahrspopulationen von *Metopolophium dirhodum* (Wlk.) auf dem Winterwirt. Anz. Schädlingskde., Pflanzen- Umweltschutz 58, 51-55.
- HEINZE, K. (Ed.) (1983): Leitfaden der Schädlingsbekämpfung. III. Schädlinge und Krankheiten im Ackerbau. Stuttgart (Wiss. Verlagsges.), 915 S.
- HOFFMANN, G.M. & SCHMUTTERER, H. (1983): Parasitäre Krankheiten und Schädlinge an landwirtschaftlichen Kulturpflanzen. Stuttgart (Ulmer), 488 S.
- MADER, H.J., KLÜPPEL, R. & OVERMEYER, H. (1986): Experimente zum Biotopverbundsystem. Tierökologische Untersuchungen an einer Anpflanzung. Schriftenreihe f. Landschaftspflege u. Naturschutz (Bad Godesberg) 27, 136 S.
- WAY, M.J. & CAMMEL, M.E. (1982): The distribution and abundance of the spindle tree, *Euonymus europaeus*, in southern England with particular reference of forecasting infestations of the black bean aphid, *Aphis fabae*. J. appl. Ecol. 19, 929-940.

Hecken und Feldgehölze als
gestaltende und stabilisierende Landschaftselemente

Prof. Dr. Christian L. Krause und Michael Voll
Fachbereich Gartenbau und Landespflege
Fachhochschule Wiesbaden

Einleitung

Hecken und Feldgehölze sind häufig aus einem langzeitlichen Prozeß landschaftlicher Entwicklung hervorgegangen. Sie spiegeln dann die natürlichen und kulturlichen Verhältnisse eines gewachsenen Landschaftsraumes wider.

Der optische Ausdruck landschaftsformender Strukturen zeigt sich sowohl im Raumbild als auch in der Objektvielfalt einer Gegend oder eines Ortes.

Auf diese Aspekte soll im folgenden eingegangen werden, wobei der visuelle und Erlebniswert mit einigen landschaftshaushaltlich relevanten Funktionen von Hecken und Feldgehölzen in Beziehung gesetzt werden soll.

1. Hecken und Feldgehölze als Erkennungszeichen genetisch verwandter Landschaften

Landschaften, die aus demselben Gestein und Boden aufgebaut und in einen gemeinsamen Wasser- und Klimahaushalt eingebunden sind, verfügen in der Regel über ähnlich ausgeprägte Oberflächenformen. Das plastische Gesicht stofflich und energetisch verbundener Landschaften erfährt dann häufig durch die Vegetationsdecke eine weitere physiognomische Bestätigung. Soweit die Vegetationsstrukturen nicht allzu sehr vom Menschen abgewandelt worden sind, fungieren etwa die gehölzgeprägten Pflanzenkomplexe als Verbindungselemente zwischen extremen Standorten (Wasser-Land), überziehen entgegengesetzte Formen (Berg und Tal) mit einer grünen Decke oder dämpfen die harten Konturen von Felsen und Gewässerrinnen.

So verfügen viele mitteleuropäische Landschaften durch ihre Reliefausprägung und pflanzliche Ausstattung über gestalthafte Merkmale, die ihre gemeinsame Entstehung und Entwicklung belegen und zugleich ihre landschaftshaushaltliche Verbundenheit zum Ausdruck bringen.

Die Abb. 1 zeigt am Beispiel des Oberrheingrabens, wie die natur- und kulturräumliche Übereinstimmung der in dieser Großlandschaft eingebetteten Landschaftseinheiten visualisiert sein kann. Unter den Großstrukturen wie Fluß und Flußaue sowie Randgebirge treten insbesondere flächendeckende, -gliedernde und -verbindende Gehölzstrukturen als landschaftstypische Ausprägungen hervor und verleihen selbst der kleinsten Landschaftszelle (hier die Nidda-Aue in Frankfurt) noch verwandtschaftliche Identität.

Dieses Merkmal hebt diesen Landschaftsraum von benachbarten städtisch geprägten Arealen gehaltvoll hervor: hier langzeitlich aus der Harmonie zwischen menschlicher Daseinsform und Naturraum herangereiftes Landschaftsgepräge, dort allerorten anzutreffende Landschaftsausstattung; hier Übereinstimmung im Gestaltkanon der Großlandschaft mit individueller Abwandlung im Detail, dort standardisierte Strukturen und nivellierte Materialien mit häufig standortverfremdenden Zutaten, die überall einbürgerungsfähig sind.

In Abb. 2 wird durch Auswertung historischen Kartenmaterials der Nachweis der Geschichtlichkeit von pflanzlichen Strukturen mit hoher ökologischen Anpassung an den Standort und das Landschaftsraumgefüge vor Augen geführt.

Worin liegt die landschaftsökologisch stabilisierende Wirkung derartig standortgerechter Gehölzstrukturen?

Dem grundsätzlichen Charakter dieser Stufe zur Beschreibung des Gestaltwertes von Hecken und Gehölzen (hier noch allgemein als pflanzliche Strukturen behandelt) in Ableitung aus dem landschaftlichen Werdegang genetisch und kulturell verwandter Landschaftskomplexe ("Landschaftsfamilie") entspricht eine ebenso allgemeine Feststellung zur außervisuellen Bedeutung.

Da die gehölzbestimmte aber auch die krautige Vegetation die Endform der hier potentiellen natürlichen Vegetation darstellt oder einer ihrer Entwicklungsstufen entspricht, oder standortgemäße Ersatz-

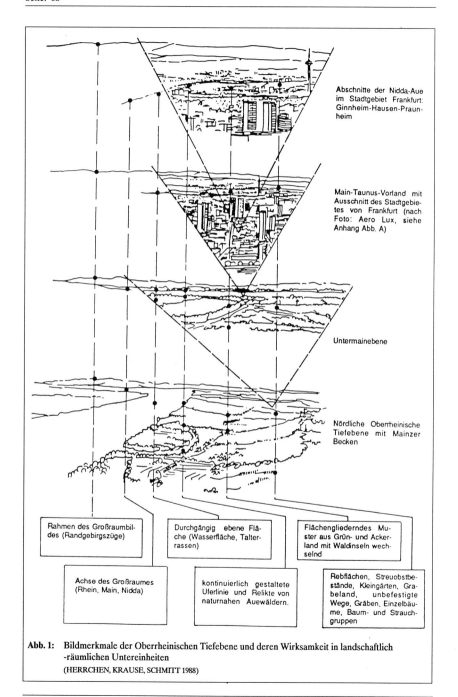

Abschnitte der Nidda-Aue im Stadtgebiet Frankfurt: Ginnheim-Hausen-Praunheim

Main-Taunus-Vorland mit Ausschnitt des Stadtgebietes von Frankfurt (nach Foto: Aero Lux, siehe Anhang Abb. A)

Untermainebene

Nördliche Oberrheinische Tiefebene mit Mainzer Becken

| Rahmen des Großraumbildes (Randgebirgszüge) | Durchgängig ebene Fläche (Wasserfläche, Talterrassen) | Flächengliederndes Muster aus Grün- und Ackerland mit Waldinseln wechselnd |
| Achse des Großraumes (Rhein, Main, Nidda) | kontinuierlich gestaltete Uferlinie und Relikte von naturnahen Auewäldern. | Rebflächen, Streuobstbestände, Kleingärten, Grabeland, unbefestigte Wege, Gräben, Einzelbäume, Baum- und Strauchgruppen |

Abb. 1: Bildmerkmale der Oberrheinischen Tiefebene und deren Wirksamkeit in landschaftlich -räumlichen Untereinheiten

(HERRCHEN, KRAUSE, SCHMITT 1988)

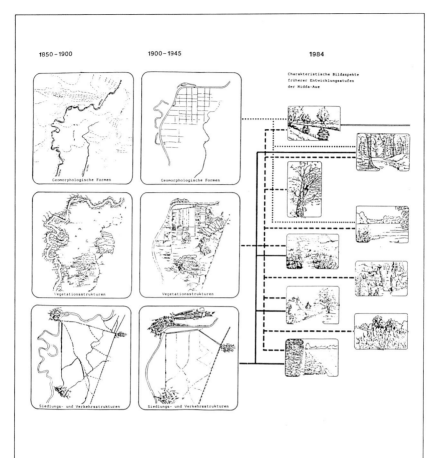

Abb. 2: Bestandsnachweis bildprägender pflanzlicher und anderer Strukturen des Landschaftsraumes im geschichtlichen Rückblick
(aus HERRCHEN, KRAUSE, SCHMITT 1988, verändert)

gesellschaften sind, kann davon ausgegangen werden, daß

- die Pflanzen und Boden, Wasser und Klima nicht im Gegensatz zueinander stehen,
- die Pflanzen zur Entwicklung und Sicherung des Bodens, zur Reinhaltung des Wassers und zum Ausgleich des Mikroklimas aufgrund ihrer Standortverträglichkeit optimal beitragen können,
- die pflanzlichen und tierischen Organismen die ihnen gemäßen abiotischen Lebensraumbedingungen vorfinden und andere sich durch gegenseitige Förderung zu bieten in der Lage sind.

2. Hecken und Feldgehölze als Gliederungselemente von Fläche und Raum

Das Gesicht der Erde ist aus großen und kleinen Arealen zusammengesetzt, die das flache Land oder die Erhebungen und Eintiefungen der Erdoberfläche überziehen.

Diese ebenen und gekrümmten Flächen einer Landschaft werden durch das Adernetz der Fließgewässer, die weichen oder harten Übergänge von Wäldern und insbesondere durch das Mosaikgefüge der Feldflur weiter untergliedert. Das Flächenmo-

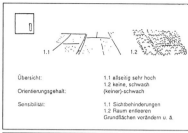

Übersicht:
Orientierungsgehalt:

1.1 allseitig sehr hoch
1.2 keine, schwach
(keiner)-schwach

Sensibilität:

1.1 Sichtbehinderungen
1.2 Raum entleeren
Grundflächen verändern u. ä.

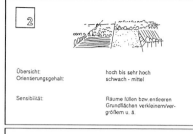

Übersicht:
Orientierungsgehalt:

hoch bis sehr hoch
schwach - mittel

Sensibilität:

Räume füllen bzw. entleeren
Grundflächen verkleinern/ver-
größern u. ä.

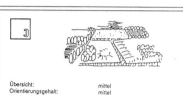

Übersicht:
Orientierungsgehalt:

mittel
mittel

Sensibilität:

Räume füllen bzw. entleeren;
Grundflächen vergrößern/ver-
kleinern u. ä.

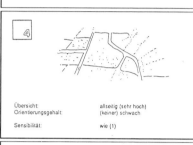

Übersicht:
Orientierungsgehalt:

allseitig (sehr hoch)
(keiner) schwach

Sensibilität:

wie (1)

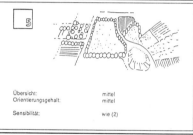

Übersicht:
Orientierungsgehalt:

mittel
mittel

Sensibilität:

wie (2)

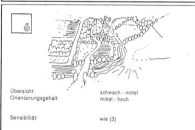

Übersicht:
Orientierungsgehalt:

schwach - mittel
mittel - hoch

Sensibilität:

wie (3)

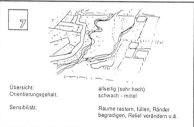

Übersicht:
Orientierungsgehalt:

allseitig (sehr hoch)
schwach - mittel

Sensibilität:

Räume rastern, füllen, Ränder
begradigen, Relief verändern u.ä.

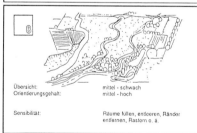

Übersicht:
Orientierungsgehalt:

mittel - schwach
mittel - hoch

Sensibilität:

Räume füllen, entleeren, Ränder
entfernen, Rastern o. ä.

Übersicht:
Orientierungsgehalt:

schwach bis keine
hoch

Sensibilität:

Räume entleeren, Ränder begradigen, Proportionen egalisieren u. ä.

Abb. 3: Raumbildausprägungen einer Auen
landschaft aufgrund zunehmender
Strukturdichte von Hecken
und Feldgehölzen
(aus HERRCHEN, KRAUSE, SCHMITT 1988,
verändert)

saik erfährt durch das Wege- und Straßennetz eine zusätzliche Unterteilung, und das Netzsystem aus verkehrsbegleitenden Baumreihen, linearen und verzweigten Hecken sowie bewachsenen Feldrainen und Geländerippen kann darüber hinaus zur kleinteiligen Kammerung beitragen und dem Strichmuster einer Landschaft Markanz verleihen.

So können Hecken und Feldgehölze trotz feststehender Gestaltgesetze ihrer einzelnen baum-, strauch- und staudenartigen Bestandteile von Standort zu Standort unterschiedliche Formen aufweisen und dadurch dem überörtlich oder regional wirksamen Gestaltkanon geschichtlich verwandter Landschaften filigrane Gesichtszüge hinzufügen: mithin wird damit die Feinstruktur des örtlichen Landschaftsbildes bereichert, ohne daß die Gegend ihre überörtlich wirksamen Gestaltmerkmale einzubüßen hat, die ihre Herkunft und schicksalhafte Zugehörigkeit zu einer größeren Landschaftsfamilie belegen.

Am Beispiel des Natur- und Kulturraumes Oberrheinische Tiefebene, worin natürliche oder naturnahe bzw. standortgerechte Gehölzstrukturen einen flächen- und raumdurchlaufenden Bildbeitrag liefern, wird deutlich, wie groß der Beitrag von Hecken und Feldgehölzen zur Ausbildung differenzierter Raumbilder sein kann, wobei die einzelne Landschaftszelle keiner Gestaltungsverfremdung ausgesetzt werden muß. (Abb. 3).

Der landschaftsökologische Beitrag solcher u.a. gehölzbestandenen Auenflächen ist unübersehbar: er zeigt sich nicht nur in der Bremswirkung für zu schnell abfließendes Hochwasser, mit erst jetzt wiedererkannten positiven Auswirkungen für einen gemäßigten Scheitelabfluß während der immer häufiger werdenden Überschwemmungsperioden, sondern auch in den allerorten wichtigen Beiträgen von Hecken und Feldgehölzen

- zur Vernetzung des landschaftlichen Biotopgefüges über Korridore und Trittsteine, die für den Fortbestand unserer vielfältig bedrohten Tier- und Pflanzenwelt unabdingbar sind;
- zur Herabsetzung der erosiven Kraft des Windes und oberflächlich abfließenden Wassers, worin der funktionale Beitrag von Hecken und Feldgehölzen zur Erhaltung von Bodensubstanzen und zur Fortentwicklung der Bodenfruchtbarkeit nur kurz angesprochen wird, und mit diesem im komplexen Zusammenhang zu sehen ist, und schließlich

- die Gewährleistung eines ausgewogenen Kleinklimagefüges in der Agrarlandschaft, dessen grundsätzliche Bedeutung für den Kulturpflanzenanbau nicht vertieft werden muß.

3. Hecken und Feldgehölze als Raumkulissen

3.1 Raumabschluß durch Gehölzstrukturen

Eine Waldlichtung wirkt wie ein Innenraum, weil die Ränder undurchsichtig und über die bestandsbildenden Bäume und Sträucher nicht hinweggeschaut werden kann.

Dieser Kammereffekt tritt auch außerhalb des Waldes auf, wenn Feldgehölze und Hecken ein Feld, einen Acker, Garten oder eine nicht oder nur extensiv genutzte Fläche mit niedriger Vegetationsdecke umschließen und den Blick nach "draußen" behindern.

Die Stufen der Raumwirkung werden in Abb. 4 schematisiert dargestellt, wobei der allseitig umschlossenen und überdachten Grundfläche mit undurchsichtigen Seiten und Deckenflächen der stärkste Effekt zugeschrieben wird.

3.2 Innenraumwirkung von Gehölzstrukturen

Der Hohlraum gilt als Inbegriff des Innenraumes. Diese Qualität wird im höchsten Grad dann erreicht, wenn die Grundfläche des "Innenraumes" niedrigen und homogenen Bewuchs aufweist oder vegetationslos ist (Wasser wirkt durch die Spiegelung der Randstrukturen noch grundvertiefend mit der Folge gesteigerten Innenraumempfindens). In Abb. 5 werden daher die Ausprägungsgrade der Grundflächendeckung und die Wuchshöhen von Gehölzen in Beziehung gesetzt, um die Stufen zunehmender Innenraumdichte (-auffüllung mit sichtbehindernden Objekten) vorstellbar zu machen.

3.3 Raumgefügebildung durch Hecken und Feldgehölze

Ein einzelner Innenraum, etwa ein von einer durchgängigen geschlossenen Hecke allseitig abgegrenztes Feld, bietet ein standörtliches begrenztes Raumerlebnis. Die Aufreihung solcher konsequent gebildeter Räume oder auch nicht hermetisch ausgeformter Landschaftskammern, wie dies zum Beispiel bei langgestreckten Kleingartenkolonien der Fall

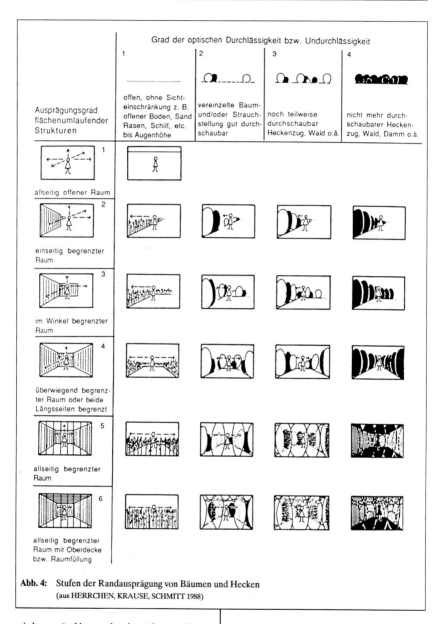

Abb. 4: Stufen der Randausprägung von Bäumen und Hecken
(aus HERRCHEN, KRAUSE, SCHMITT 1988)

sein kann, trägt hingegen bereits stärker zum Raumerlebnis einer Gegend bei, jedoch nur zonal.

Das Angebot an unterschiedlichsten Raumerlebnissen hält hingegen jene Landschaft bereit, in der Hecken und Feldgehölze (auch im Wechsel mit Wäldern, Waldinseln und nichtpflanzlichen Objekten) ein Mosaik aus unterschiedlich dimensionierten, geformten, geschlossenen und gefüllten landschaftlichen Zellen, Gängen und Räumen sowie Raumandeutungen hervorbringen.

Steht in einer derartig gegliederten Kulturlandschaft auch noch ein den naturräumlichen Bedingungen angepaßtes Wegenetz zur Verfügung, dann bieten sich der heimischen Bevölkerung aber auch dem Besucher von anderswo die in Abb. 6 skizzierten Aus-

und Einblicke in geschlossene und offene Landschaftsteile. Während eines Spazierganges oder Durchfahrens öffnen sich dem Betrachter stets neue Blickachsen, wobei im reliefierten und modellierten Gelände der Grad zur Wahrnehmung von Raumeffekten noch gesteigert werden kann: die Voraussetzungen für ein mannigfaltiges Raumbilderlebnis sind damit gegeben.

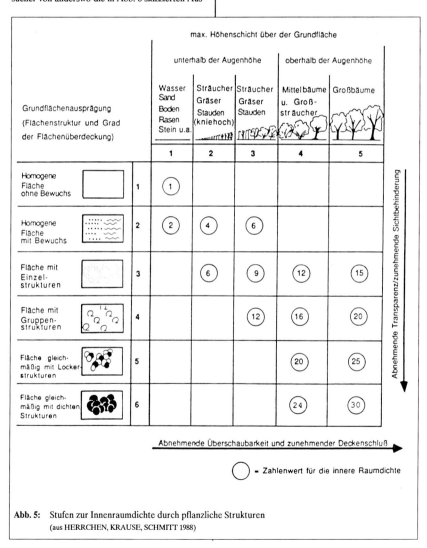

Abb. 5: Stufen zur Innenraumdichte durch pflanzliche Strukturen
(aus HERRCHEN, KRAUSE, SCHMITT 1988)

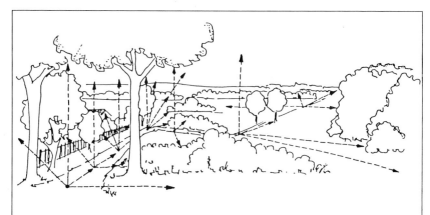

Abb. 6: Raumgefüge einer Landschaft, die während des Durchwanderns als Abfolge von Raumein- und -durchblicken erfahren werden kann
(aus HERRCHEN, KRAUSE, SCHMITT 1988)

Die dem menschlichen Raumempfinden zugrundeliegenden psychisch-rationalen Konditionen und das sich daraus öffnende Inspirationsmuster soll an dieser Stelle nicht vertieft werden. Unumstritten ist jedoch, daß der Wechsel aus erlebter Sicherheit durch das Wahrnehmen bekannter Dinge und Orte während des Wanderns auf zielgerichtetem Weg mit orientierungfördernden Ausblicken einerseits und die durch die Unübersichtlichkeit des Geländes herausgeforderte Bereitschaft andererseits zu einer positiv empfundenen Spannung beim Menschen führt.

Bisweilen vermögen Einflüsse aus dem menschlichen Unbewußten dieses Landschaftserleben noch in befriedigender oder beängstigender Weise zu verstärken, oder verschüttete Instinkte zu aktivieren.

Ohne den Begriff des Instinktes überstrapazieren zu wollen, und weit davon entfernt, menschliches mit Tierischem Verhalten in eine Parallele zu stellen, bietet das hier angedeutete Verhaltensmuster des Menschen ein passendes Moment, auf das Mobilitätsschema der heimischen Tierwelt hinzuweisen, das, wie wir von berufener Seite erfahren haben, in kleinteilig strukturierten Kulturlandschaften vielfachen Begünstigungen ausgesetzt sein kann.

Darüber hinaus treffen in reichgegliederten und strukturierten Heckenlandschaften die oben bereits erwähnten positiven landschaftsökologischen Bei-

träge zu, hier allerdings flächenweit und nunmehr auch landschaftshaushaltlich umfassend.

4. Hecken und Feldgehölze als Vermittler naturästhetischer Erlebnisse

4.1 Gestaltungsvielfalt durch Annäherung

Nähert sich der Betrachter einem Baum, so nimmt die "Anmutqualität" (RICCABONA 1981) trotz abnehmender Distanz zwischen Objekt und Subjekt nicht ab, da selbst im Detail eines Blattes die Vielfalt innerhalb des Ganzen bewahrt oder auch gesteigert werden kann.

Hierin kann eine Begründung für unser Wohlgefallen an Pflanzen liegen, denn die sichtbare Mannigfaltigkeit in der Einheit des Objektes entspricht auch dem Bauplan unseres Körpers vom Leib über die Glieder bis hin zu den Körperzellen. Bei der Wahrnehmung solcherart aufgebauter Objekte und Formen stellt sich eine Resonanz der Vertrautheit und des Wohlbefindens ein, da das eigene Gestaltskonzept wiedererkannt wird (VESTER 1983). Das Urteil über die Gestaltvielfalt von Objekten kann somit nicht mehr von einem einzigen Standpunkt aus gefällt werden. Während bei Objekten der belebten und unbelebten Natur die Oberflächenform im Detail immer neue Ausdifferenzierungen aufweisen kann (Pflanzen, Boden, Gestein, Gewässer ...), nimmt zum Beispiel die Gestaltqualität einer monotonen Hochhausfassade oder eines aus wenigen Grasarten aufgebauten Park- und Zierrasens beim Näherkommen nicht mehr zu oder nimmt sogar ab. Dieses Defizit kennzeichnet viele regeltechnische Bauwerke der Landschaft wie uniforme Asphaltwege, materialeinheitliche Mauern, Gartenzäune, -häuser, ganz zu schweigen von maßstabsbrechenden Türmen, Autobahnen und Starkstromleitungen und überdimensionierten Flächen der Feldflur.

Tab. 1: Vielfalt der Gestaltungsqualitäten von Einzelelementen bei veränderten Betrachtungsentfernungen.

	Beispiele	im Lesfeldabstand	im Blickfeldabstand	im Gesichtsfeldabstand
hohe	Apfelbaum	Blätter, Blüten, Früchte, Rinde, Vögel, Insekten u. a.	Stamm, Krone, Traufe, Proportionen, Geschlossenheit (Habitus) u. a.	Einzel-, Gruppenstellung, relative Gestaltqualität, Größe u. a. im Vergleich mit anderen Objekten im Umfeld und mit anderen Apfelbäumen: starke Gestaltindividualität
	Gartenabgrenzung durch Hecke aus heimischen Sträuchern	Blatt- und Blütenformen, Stacheln, Beeren, Vogelnest, Insekten, Bodenvegetation u. a.	Formenaufbau von Straucharten, Textur der Belaubung, Transparenz von Heckenpartien, Öffnungen u. a.	Heckenausdehnung -anschluß an andere Objekte (Haus, Wald, Weg), Teil eines Raumes, Abschirmung von Außeneinflüssen Straßenverkehr, Einblicke, Wind u. a. Vergleich der Heckenformen
mittlere	Waldkiefer	Nadelform, -stellung Aststellung am Stamm, Rinde u. a. (unscheinbare Blüte, wenig Insekten und Vögel)	Habitusmerkmale wie bei Apfelbaum, jedoch artspezifisch differenziert im Basis- und Spitzenbereich	Vergleich mit Umfeld wie bei Apfelbaum, Gestaltabweichungen zu anderen Kiefern geringer
	Gartenzaun aus Holz	Lattenbreite -abstände, Holzoberfläche, -maserung, -risse, -verbindungsformen u. a.	linearer und geometrischer Zaunaufbau; Zaunrahmen und -abschnitt, Türen ...	Zaunabschluß an Haus, Mauer u. a. Vergleich der Zaunformen und -materialien
geringe	Blautanne	wie bei Waldkiefer; kaum Insekten und Vögel	Habitusmerkmale relativ gleichförmig im Basis- und Spitzenbereich	Vergleich mit Umfeld wie bei Apfelbaum und Waldkiefer, jedoch kaum noch Gestaltabweichungen zu anderen Blautannen
	Betonmauer	einheitliche Oberflächenbeschaffenheit und kaum wahrnehmbare Textur	lineare und geometrische Umrißform Mauersockel u. -krone, Türen ...	wie Zaun

Das Prinzip der Gestaltsvielfalt eines Gegenstandes aufgrund veränderter Abstände ist in Abb. 7 dargestellt. In Tab. 1 werden einige Beispiele aufgezeigt.

4.2 Gestaltvielfalt in zeitlicher Erstreckung

Eine Reihe landschaftlicher Gestaltsmerkmale unterliegt einem zeitlich bedingten dynamischen Wandel. Nach der Zeiterstreckung und -rhythmik können fortlaufende Veränderungsprozesse von pe-

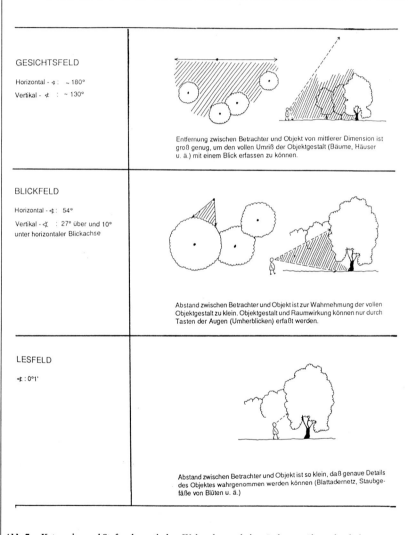

GESICHTSFELD

Horizontal - ∢ : ~ 180°
Vertikal - ∢ : ~ 130°

Entfernung zwischen Betrachter und Objekt von mittlerer Dimension ist groß genug, um den vollen Umriß der Objektgestalt (Bäume, Häuser u. ä.) mit einem Blick erfassen zu können.

BLICKFELD

Horizontal - ∢ : 54°
Vertikal - ∢ : 27° über und 10° unter horizontaler Blickachse

Abstand zwischen Betrachter und Objekt ist zur Wahrnehmung der vollen Objektgestalt zu klein. Objektgestalt und Raumwirkung können nur durch Tasten der Augen (Umherblicken) erfaßt werden.

LESFELD

∢ : 0°1'

Abstand zwischen Betrachter und Objekt ist so klein, daß genaue Details des Objektes wahrgenommen werden können (Blattadernetz, Staubgefäße von Blüten u. ä.)

Abb. 7: Kategorien und Stufen der optischen Wahrnehmung bei verändertem Abstand zwischen Objekt und Betrachter.

riodischen Gestaltungsformungen unterschieden werden. (Tab. 2)

● **Evolutive Gestaltveränderungen**

Das Schauspiel permanenter Gestaltungsabläufe demonstriert die Natur deutlich im Formenaufbau und -abbau aquatischer Ökosysteme. So entstehen unter dem Einfluß des Windes und der Schwerkraft immer neue Wellenformen und Strombilder. Die Kräfte des Wassers sorgen ihrerseits für einen fortwährenden Umbau der Küsten, See- und Flußufer und im Erosionsgeschehen der Berghänge, Talauen und Ackerflächen setzt sich das nie ermattende Umformungs-

Tab. 2: Landschaftselemente und -teile mit hoher Gestaltvielfalt in zeitlicher Erstreckung

	BEISPIELE
SUKZESSIV BEDINGTE LANDSCHAFTSBILDVERÄNDERUNGEN (über Jahrzehnte hinweg)	
terrestrische	– liegengelassene Äcker/Wiesen/Weiden (im 1. Jahr) – Wildkrautstadium (i. d. R. nach 1. Jahr der Nutzungsaufgabe) – Gebüschstadium (Vorwald) – Wald
aquatische	– Verlandungsseen und einzelne Stadien: Wasserflächen mit breiten Röhrichtzonen, Weichholzzonen bis zum Moor und Bruchwald – große Seen und Meer
Kampfzonen für Pflanzen	– Felsen und Gesteinsflächen – Sandflächen
WIEDERKEHRENDE BILDASPEKTE	
jährlicher Rhythmus	– Phänologische Merkmale der Pflanzen- und Tierwelt insbesondere auf/in: . selten gemähten Wegerändern/Plätzen . Saumstreifen (Übergangszonen) . Hecken/Waldrand und Feldern/Grünland u. a. . Uferzonen (Schwimmblatt, Röhricht-Weichholzzone) . Extensiv genutzten Gärten und Äckern . Wiesen/Weiden . Naturnah bewirtschafteten Wäldern
täglicher Rhythmus	. Talgrund, Waldinnenraum/-rand, Heckenrand, Baumhaine, Alleen u. a. mit deutlichem Licht-Schatten-Spiel . Wasserflächen (Lichtspiele)
situativ-episodisch	. Lebensräume für zahlreiche Insekten, Vögel, Kleintiere: Säume, Wegerändern, extensiv genutzte Gärten, Wasser-/Feuchtstellen . Lebensräume des Wildes (Hasen, Reh-, Rotwild u. ä.)

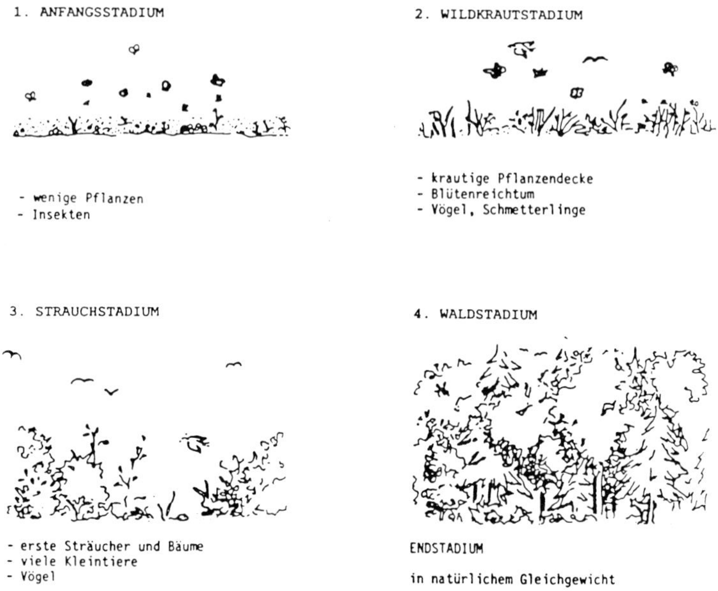

1. ANFANGSSTADIUM

- wenige Pflanzen
- Insekten

2. WILDKRAUTSTADIUM

- krautige Pflanzendecke
- Blütenreichtum
- Vögel, Schmetterlinge

3. STRAUCHSTADIUM

- erste Sträucher und Bäume
- viele Kleintiere
- Vögel

4. WALDSTADIUM

ENDSTADIUM

in natürlichem Gleichgewicht

Abb. 8: Fortlaufender Veränderungsprozeß mit wechselnder Gestaltqualität: Beispiel einer pflanzlichen Sukzession
(Zeichnung aus WÜST & BECKMANN, 1982, S. 23)

geschehen bis in die Mikrostrukturen des Bodenbildes fort.

Eingebunden in diese Prozesse ist auch der entwicklungsbedingte Gestaltaufbau der Landschaft mit dem Ziel eines dynamischen Gleichgewichtszustandes im Reifestadium. Handelt es um terrestrische Systeme, bilden sich im Klimaxstadium in der Regel Waldgesellschaften heran. Auf dem Wege dorthin kennzeichnen zunächst verschiedene Stauden- und Gebüschformationen das manchmal über viele Jahre verlaufende Vorwaldstadium. (Abb. 8)

Anders entwickelt sich der evolutive Faden in aquatisch bestimmten Ökosystemen stehender Binnengewässer: in einem sich beschleunigenden Verlandungsprozess bilden sich zunächst amphibische und erst viele Jahre oder Jahrhunderte später terrestrische Vegetationskomplexe mit Wald als Schlußbild heraus.

Das Kennzeichen der Kulturlandschaft ist es, die oben dargestellten Entwicklungsvorgänge zu stoppen und das gewünschte Stadium künstlich aufrecht zu erhalten. Unter dem Einfluß des Menschen werden Ackerflächen auf der Vorstufe zur Gräser- und Staudenflur gehalten und auf Wiesen und Weiden werden als Vertreter natürlicher Pflanzenformationen nur solche Arten geduldet, die einen wirtschaftlichen Nutzen haben.

Eine analoge, relativ statische Bildstruktur finden wir auch im Gerüst von Gärten, Grünanlagen, Parks und anderen gestalteten Freiräumen, worin häufig der bildformale Dreiklang aus Gehölzen, Rasen und Schmuckstauden anzutreffen ist.

Da im Zuge des Landschaftsumbaues die vormaligen Standort- und Wuchsbedingungen verändert werden und der Freiraum definierten Nutzungen und Funktionen unterworfen wird, können häufig die hier ehemals heimischen Pflanzen nicht mehr gedeihen bzw. vermögen sie den an sie herangetragenen Wünschen und Belastungen nicht Stand zu halten. Auf ihren Platz treten Pflanzengesellschaften aus anderen Wuchsgebieten und Teilen der Welt, deren zusätzliches Attribut darin gesehen wird, daß sie ihr äußeres Erscheinungsbild über die jahreszeitliche Abfolge unverändert beibehalten (z.B. Konife-

ren, Rasen). Werden derartige Substitute als Großbäume oder als Fertigrasen eingebracht, versagen sie ihrem Standort auch das Phänomen des Heranwachsens und der Jugend; ihr Alterungs- und Zerfallsta-

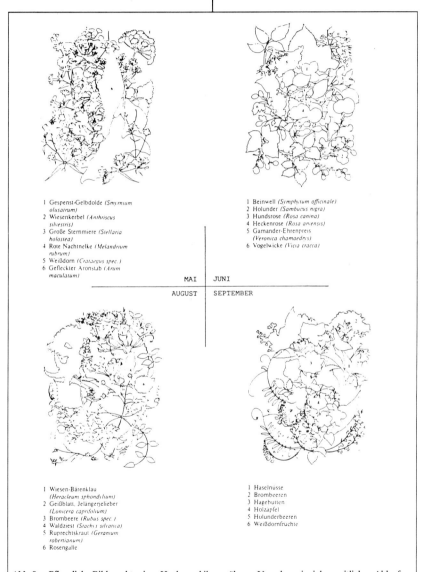

1 Gespenst-Gelbdolde (*Smyrnium olusatrum*)
2 Wiesenkerbel (*Anthriscus silvestris*)
3 Große Sternmiere (*Stellaria holostea*)
4 Rote Nachtnelke (*Melandrium rubrum*)
5 Weißdorn (*Crataegus spec.*)
6 Gefleckter Aronstab (*Arum maculatum*)

1 Beinwell (*Symphytum officinale*)
2 Holunder (*Sambucus nigra*)
3 Hundsrose (*Rosa canina*)
4 Heckenrose (*Rosa arvensis*)
5 Gamander-Ehrenpreis (*Veronica chamaedrys*)
6 Vogelwicke (*Vicia cracca*)

MAI   JUNI

AUGUST   SEPTEMBER

1 Wiesen-Bärenklau (*Heracleum sphondylium*)
2 Geißblatt, Jelängerjelieber (*Lonicera caprifolium*)
3 Brombeere (*Rubus spec.*)
4 Waldziest (*Stachys silvatica*)
5 Ruprechtskraut (*Geranium robertianum*)
6 Rosengalle

1 Haselnüsse
2 Brombeeren
3 Hagebutten
4 Holzapfel
5 Holunderbeeren
6 Weißdornfrüchte

Abb. 9: Pflanzliche Bildaspekte einer Hecke und ihrer näheren Umgebung im jahreszeitlichen Ablauf
(verändert aus STREETNER, RICHARDSON, DREYER 1985)

dium bleibt dem Landschaftsbild ebenso häufig vorenthalten, dagegen sprechen in der Regel naturausklammernde Gestaltungsregeln und Sicherungsbedenken.

● **Zyklische situative Gestaltungsveränderungen**

Im Zuge des Witterungsverlaufes innerhalb eines Jahres verändert sich die durch Pflanzen gebildete Landschaftstruktur zum Teil erheblich. Insbesondere Laub- und Blütenbäume und -sträucher zeigen eine Vielgestaltigkeit, die im graphischen Aufbau des winterkahlen Gehölzes beginnt, über die Blüten-Blatt- und Furchtbildung verläuft, um im herbstbunten und schließlich entlaubten Zustand zu enden und den Kreislauf erneut zu beginnen.

Die Abb. 9 demonstriert am Beispiel einer Hecke das alljährlich sich wiederholende Szenario, wie es durch die pflanzliche Entwicklung erlebt werden kann. Hier formen verwirrend viele Pflanzenarten ein dynamisches Bild: Blätter entfalten und verfärben sich, Blüten fallen herab, Früchte wachsen und reifen aus. In Abb. 10 wird dargestellt, in welchen Heckenabschnitten Singvogelreviere liegen können. Dadurch wird das Bild der Hecke im jahreszeitlichen Verlauf durch Nestbau und Jungenaufzucht und letztlich durch den Vogelgesang bereichert.

Aber auch die Bodenbildungsprozesse abgestorbener und abgefallener Pflanzen bzw. -teile sind gestalthaft. Der Abbau dieser organischen Masse kann über Zeiträume von bis zu fünf Jahren beobachtet werden (z.B. ein Jahr für das Laub von Ulme und Esche, über zwei Jahre für die Blätter von Eiche, Pappel und Birke und bis zu fünf Jahre für die Nadeln der Lärche; SLOBADA 1985). Andere Formen der Landschaftsbildveränderung nach den Gesetzen des Naturhaushaltes zeigen sich in periodisch wiederkehrenden Naßphasen (Tümpel, Pfützen, gefüllte Gräben und Bäche, überschwemmte Flächen), die über mehrere Tage und Wochen dauern können.

In diese und die jahreszeitlichen Bildsequenzen sind zahlreiche Einzelaspekte eingebunden: innerhalb von Tagen sich neu bildende Maulwurfshaufen, Ansammlungen von Vogelschwärmen vor ihrem Winterabflug, Kriechspuren von Schnecken oder nur Stunden überstehende Spinnennetze zwischen Grashalmen auf einem Trampelpfad (Abb. 11), minutenlanges Gegaukel von Schmetterlingen, sekundenschneller Bienenbesuch auf Blüten, weghuschende Mäuse und viele Farbtupfer mehr.

4.3 Gestaltausdruck und Inspirationsgehalt

Archetypische Inspirationsmuster

Wir assoziieren mit dem Baum nach C.G. JUNG (zit. in KRÄFTNER 1980) am häufigsten "Wachstum, Leben, Entfaltung der Form in physikalisch geistiger Hinsicht, Entwicklung, Wachstum von unten nach oben und vice versa, des Mutteraspektes (Schutz, Schatten, Dach, Früchte und Nahrung), Lebensquelle, Festigkeit, Dauer, Verwurzelung (auch: nicht von der Stelle können), Alter, Persönlichkeit und schließlich Tod und Wiedergeburt." JUNG soll zu dieser Aufzählung (in KRÄFTNER 1980) empirisch nach vieljährigen Erfahrungen mit zahlreichen untersuchten Einzelfällen gekommen sein, und er soll darauf hinweisen, daß sich die Befragten nie an die

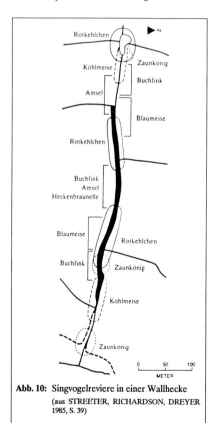

Abb. 10: Singvogelreviere in einer Wallhecke

(aus STREETER, RICHARDSON, DREYER 1985, S. 39)

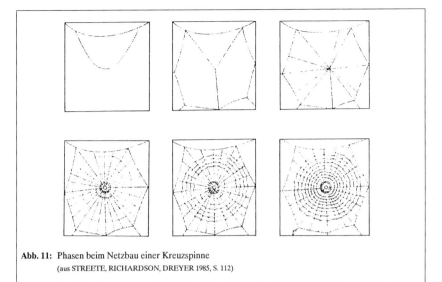

Abb. 11: Phasen beim Netzbau einer Kreuzspinne
(aus STREETE, RICHARDSON, DREYER 1985, S. 112)

Quellen ihrer Darstellungen erinnern konnten. Dies wertet KRÄFTNER als Beweis dafür, daß es sich um archetypische Vorstellungen handeln muß.

Wie der Archetypus des Baumes durchlaufen auch andere Archetypen (des Waldes, der Moore, des Gewässers, des Weges und hier insbesondere der Hecken und Feldgehölze) zeit ihres Bestehens einen Wandel und erfahren Bedeutungsentwicklungen, wobei gewisse Grundzüge sich jedoch als unabänderlich herausstellen. Das sich daraus entwickelnde Referenzmuster kann schließlich normative Kraft entwickeln, die den Vorstellungsraum für Objekte mehr oder weniger füllt. Auf dieser Ebene wird dann der Baum als Symbol der großen Einheit des Seins, des Kosmos, als Mittelpunkt der Welt gesehen. Es wird zum Gleichnis der die Welt gestaltenden und beherrschenden materiellen und geistigen Kräfte. "Seine Wertschätzung und Verehrung gilt ihm nicht als Naturobjekt, sondern vielmehr den hinter ihm stehenden, die Welt gestaltenden Wesen." (KRÄFTNER 1980)

Viele auf künstlerischem Niveau angesiedelte Übereinstimmungen (z.B. Goldener Schnitt, Körperkanon, Farbkompositionen, Formenproportionen, menschlicher Maßstab) haben bereits vor Jahrtausenden eine konventionelle Festlegung erfahren und stellen kulturelle Ordnungssysteme dar. Werden diese unreflektiert übernommen, sinken sie wiederum auf das Niveau ihres archetypischen Ursprungs zurück, weil ihr ein geistiger Begründungshintergrund nicht nachgewiesen wird.

● **Erlebnisebenen und -funktionen**

Die Sinne erschließenden Funktionen vollziehen sich als Induktion folgender Wahrnehmungs- und Erlebnisfelder der Mikro-, und Makrostruktur einzelner Elemente, Orte und Gegenden:

Nahsinn:

Pflanzen berühren, beriechen, sammeln/pflücken
Tiere anfassen, Tiergeruch wahrnehmen
Boden unter den Füßen spüren
im Gras liegen, Grillen und Insekten hören
Erdgeruch wahrnehmen
im Wasser planschen
in Bäume klettern, u.a.

Fernsinn:

Aussicht auf ferne Bäume und Berge ...
spiegelnde Wasserflächen ...
Bäume rauschen hören ...
Wege ohne klare Form und Richtung verfolgen ...
Landschaftsteile ohne deutliche Zweckbestimmung erfahren ...,
u.a.

Augenblicks- und Episoden-Erleben:

Entdeckungen im Gras, auf Blättern, im Wasser ...
Bewährungsproben im Umgang mit Tieren, Feuer, Witterung,
u.a.
Überraschungen und Unsicherheiten durch unklare Raumverhältnisse und Orientierungsgehalte
Frische nach einem Regen riechen
sich sonnen, im Schatten abkühlen, u.a.

Erfahrens- und wissensgeprägtes Inspirationsmuster

Es ist zu vermuten, daß eine Reihe der oben genannten archetypischen Vorstellungen über den Baum u.a. Elemente durch Vergegenwärtigung früherer (Kindheits-) Erlebnisse aktiviert oder ergänzt werden (Spiel- und Kletterbaum u.a.). Wieder andere Assoziationen mögen aus dem Bewußtsein um die heutige Bedrohung von Bäumen u.a. Landschaftselementen generell (Waldsterben) oder deren spezifische ökologische Funktion erwachsen (Trittsteinhabitat für Zugvögel, Ansitz für Greifvögel, Pollenspender für Obstbäume, Sauerstofflieferant und dergleichen mehr).

Auf nüchterner Ebene wird die ästhetische Wirkung von Bäumen "in der freien Landschaft" (STÄHR 1984) ohne pathetischen Anklang durch die Brille des aufgeklärten Zeitgenossen gesehen. Angesichts des Verschwindens heimischer Bäume (wie Eichen, Linden, Feldahorn u.a.) und konfrontiert mit den an ihre Stelle tretenden standortfremden Exoten (Platanen, Krimlinde, Baumhasel u.a.) wird dringend vor dem Verlust der landschaftlichen "Prägung" und ihrer "Identität" (STÄHR 1984) gewarnt. Die Basis dieses Konfrontationsprozesses liegt auf der Erfahrens- und Wissensebene einerseits und im Bestreben nach Aufklärung und erneutem Hinterfragen andererseits. Da die Triebkräfte als auch die Zielrichtungen erkenntnisbestimmter bzw. -strebender Natur sind, wird diese Art der bildinduzierten und -affinitiven Beziehungsstruktur als erfahrungs- und wissensgeprägtes Inspirationsmuster bezeichnet.

● Erlebnisebenen und -funktionen

Gestaltungstrukturen des Ortes werden sowohl realistischen (vergangenen oder heutigen) als auch theoretischen (utopischen, idealistischen) Modellen gegenübergestellt und problembezogen interpretiert oder künstlerisch durchdrungen.

Die auf den Geist gerichtete Stimulationskraft des Landschaftsbildes tritt hier gleichberechtigt neben die Sinne erschließende Valenz. Wird sie schließlich zur dominanten Funktion, dann konstituiert sich die Landschaft als Freiraumlabor, Studierzimmer oder Künstleratelier. Übersituative Aspekte der Landschaft beherrschen den intellektuellen Dialog: etwa das Wissen um den ökologischen Wert eines extensiv genutzten Gartens, die Bedeutung frei zugänglicher Ruderalflächen für den verhaltensdeterminierten Stadtmenschen, die Verletzlichkeit eines Lebensraumes (z.B. Feldgehölz) für randliche Störungen, die kleinen Wasserstellen nach einem Regen oder offenen Bodenwunden als Orte der "erstsignalischen" Wahrnehmung natürlicher Umweltelemente und -funktionen für Kinder (im "sensomotorischen" Erlebnisbereich, vgl. ASSEBURG u.a. 1985), die Natur als Lehrmutter für die Kunst, die Technik und dergleichen mehr.

4.4   Erlebnispotential

Die Determinanten des Inspirationsmusters, nämlich archetypische sowie kognitive Assoziations- und Interpretationsregler, erlauben es, das wechselseitige Geschehen operabel zu strukturieren. Opera-

Abb. 12: Feldgehölz mit Gräser- und Staudensaum neben einem unversiegelten Feldweg
        (verändert aus HERRCHEN, KRAUSE, SCHMITT 1988)

bel derart, daß die gegenläufigen Beziehungen zwischen Objekt Landschaft und subjekt Mensch und das daraus resultierende Erlebnispotential über bestimmte Dialogformen kategorisiert werden kann.

Mit anderen Worten: die vom Angebots- und Aufforderungsgehalt des Landschaftsbildes induzierten Zuwendungsformen und Techniken zur Freisetzung des Bildpotentials gilt es als die der landschaftlichen Eigenart gemäße Dialogform zu charakterisieren.

Von Interesse ist in diesem Rahmen nicht die persönlich-subjektive, sondern die intersubjektive Komponente, des Landschaftsbildes, also der "quasi-objektive" Gehalt (KÖHLER, zit. in ASSEBURG u.a. 1985), der mit WALTHER (1988) als "sozialisierte" Bildmaterie bezeichnet werden kann.

Das von einer frei wachsenden Hecke oder einem Feldgehölz bereitgestellte Erlebnispotential (Beispiel in Abb. 12) kann demnach wie in Tabelle 3 wiedergegeben werden.

Hecken und Feldgehölze mit natürlicher und standortgerechter Pflanzenzusammensetzung tragen nicht nur in vielfältiger Weise zu den oben kurz erwähnten Ausgleichsfunktionen im Natur- und Landschaftshaushalt bei, sie stellen auch Dokumente für den friedfertigen Umgang des Menschen mit der Natur dar: auf diese Weise halten Hecken und Feldgehölze auch Impulse bereit, die zur Stabilisierung des menschlichen Wohlbefindens erforderlich sein können.

5. Standorte für Hecken, Feldgehölze und Bäume in der Landschaft

Grundsätzlich kann nicht definiert werden, welche Standorte nicht mit Gehölzen bestanden sein können, wenn einmal von den natürlichen Grenzbedingungen wie Wasserflächen, Moore, Lagen oberhalb der Baumgrenze und nivale oder felsige, trocken-sandige Flächen abgesehen wird.

Es bieten sich jedoch Punkte und Zonen in der agrarisch und industriell sowie verkehrlich genutzten Landschaft an, die aufgrund der Geländeausformung, der landschaftsökologischen Funktionen und Sensibilitäten sowie der Nutzungen als besonders geeignete Lagen und Standorte für Hecken, Feldgehöl-

Tab. 3: Gestaltausdruck und Inspirationsgehalt von Hecken und Feldgehölzen
Interpretation des Feldgehölzes in Abb. 12 (verkürzt aus HERRCHEN, KRAUSE, SCHMITT 1988)

GESTALTMERKMALE	SINNE: ERSCHLIESSENDE ASPEKTE		KURZZEIT-ERLEBEN	LANGZEIT-ERLEBEN	VERSTAND - ANREGENDE ASPEKTE		DARGEBOTENES INSPIRATIONS-MUSTER
	NAHSINN	FERNSINN			ORGANISATIONS-STRUKTUR + GESCHICHTE	MENSCH + NATURHAUSHALT	
KONTRASTMOMENTE Unregelmäßige Anordnung im Blickfeldbereich, Kontrast in Acker/Rasenflächen; Formeneigensatz Gräser/Sauch zu Sträuchern und Bäumen; Großflächenkontrast; Farbvielfalt am Blütenstadium insbesondere zum Baumgrünland GESTALTGRADIENT: Durch Annäherung stets veränderliches Gestaltspektrum; Umrisse im Gesamtbild; Aufbaufläche der Belaubung im Blockbild und Blätter, Früchte u. a. im Lastfeld. Hohe Gestaltvielfalt in zeitlicher Erstreckung; Belaubung; Blüte, winterkahle Äste ... tägliche Hell-Dunkel-Spiele, witterungsbedingte Einzelaspekte, episodische und augenblicksergebnisse (Regentropfen, Tiere ...)	Herastrren, hinknicken, Höhlen bauen, verstecken, Blätter/Blüten/Früchte berühren, betasten, abreißen, berirechen, bauen/ schmecken; Vögel/Insekten hören, belauschen, Käfer/Spinnen/Ameisen u. a. beobachten, mit den Augen verfolgen, Objekten außerhalb befindlichen berühren, Fangen, liegen, Schnecken spüren, Käfer krabbeln lassen u. a.	Raumhintergrund und Entfernungen anhand perspektivischer Verkleinerung abschätzen; Sing-/Rutvogelreviere akustisch ordnen und entfernungsmäßig räumlich einschätzen, Großräumverhältnisse zu erkennen (Hochfläustaum, Fernraum) erlahren, Horizontbildung/Übergang Nicka-Aue zum Himmelgradhinweg, bedruger Orientierungshinweis im räumlichen Sinn...	Zahlreiche Augenblickserlebnisse im Sekundenbereich: Insekten-, Vögel-Flug, Sonnenstrahl im Laub, Mäusehuschen, Käferkrabbeln, Windstoß und Blätterrauschen, Vogelz u. a. Minuten-/Stundenerlebnisse: Mauberhügel entstehen, Spinnennetze werden aufgebaut, Blüten entfalten sich, Vögel bauen Nester, fütern Junge, Schnecken kriechen, Schatten werden länger, Gegenstände verlieren im Dunkel Gestalt und Farbe...	Tageszeitliche Veränderungen: Hell-/Dunkelrhythmus an Blatt-Gewächsen; Blüten entfalten sich, fallen ab; jahreszeitliche Veränderungen: Blattaustrieb, Belaubungsfarbe, Früchte, Laubfall, sichtbarer Boden, braune Grasstengel, Samenstände, Schnee, Reif, Eis ... Langzeitliche Veränderungen: Wachstum von unten nach oben, zur Seite, Umbau der Pflanzengesellschaft, Stauden → Sträucher → Bäume ...	Standortgerechte (heimische) Gehölze/Stauden/Gräser bieten eine hier heimische Pflanzengesellschaft mit größter Übereinstimmung zum geschichtlich gewachsenen Wuchspotential. Sie setzen die in der Landschaft schon häufiger stattgefundenen Renaturierungsprozesse im lernsitischen Milieu fort (z. B. nach längeren Überschwemmungsphasen, in denen nichtamphibische Pflanzen und Tiere vom Wasser ausgeschaltet worden sind)	Vom Menschen gestaltete natürliche Ausformung von Pflanzenwuchs und -gesellschaften in unmittelbarer Nachbarschaft zur intensiv genutzten Nutzungsform Ackerbau und zu zweckbestimmten Grön-...	ARCHETYPISCH UNGEORDNET: Pflanzenelemente und -funktionen bieten ein Bild des Wachsens und der Urkraft der Natur (verklärende oder bedrohlich wirkende oder beängstigende Reaktionen). ARCHETYPISCH GEORDNET: o. g. Bild ruft Pflege- u/o. Abstandsbedürfnisse hervor. ERFAHRENS- UND WISSENSGEPRÄGT: Natur als selbstregulierendes System ohne Steuerungsbedarf durch den Menschen; Vielfalt an Formen, Farben, Dingen und Anregungen zum Nachdenken bis zum konzeptionellen Forschen und Planen.

ze und Bäume anzusprechen sind.
In Übersicht 1 werden hierzu einige besonders hervortretende Beispiele vor Augen geführt.

6. Zusammenfassung

Die Landschaften Mitteleuropas wurden, zumeist ihrem Potential entsprechend, kleinflächig genutzt und von natürlichen und naturnahen Elementen (Hecken, Feldgehölze, Wälder, Waldholzinseln, geländeangepaßte Wege und Siedlungen u.a.) gegliedert. So entstanden regional und lokal verschiedene Landschaftstypen, die für eben diese Gegend oder diesen Landstrich aufgrund der dort vorherrschenden natürlichen und harmonisch angepaßten kulturellen Gegebenheiten charakteristisch sind (z.B. Mittelgebirgslandschaft, Heckenlandschaft des Münsterlandes).

Das unverwechselbare Erscheinungsbild einer von Hecken, Feldgehölzen, Wäldern u.a. Elementen strukturierten Kulturlandschaft leugnet nicht, sondern bestätigt ihre Zugehörigkeit zu einem geschichtlich gewachsenen Landschaftskomplex: aus dem Vulkanismus hervorgegangene Hohl- und Vollformen werden durch Gehölzstrukturen nachgezeichnet, erosionsbedingte Geländerippen betont,

Fließgewässer gesäumt oder flaches Schwemmland wird gegliedert und in Kammern aufgeteilt.

Eine kleinteilig gegliederte oder reliefierte Landschaft verfügt generell über ein vielfältiges Angebot an Raum-, Aus- und Einblickserlebnissen. Übernehmen jedoch Hecken und Feldgehölze (auch Waldränder, Wasserläufe u.a.) die landschaftliche Aufteilung, erhöht sich das naturbedingte Erlebnispotential. Die Gestaltaspekte von Hecken und Feldgehölzen sind derart vielfältig, daß ihr Anregungs- und -Erlebnispotential als kaum ausschöpfbar betrachtet werden kann: Gestaltvielfalt durch veränderte Abstände zwischen Objekt und Subjekt, zeitliche Veränderungen. Werden schließlich noch die geistigen und seelischen Anlagen, Erwartungen und Fähigkeiten beim menschlichen Empfänger mitberücksichtigt, dann eröffnen Hecken und Feldgehölze ein nicht mehr zu übersehendes Erlebnisfeld.

Auf die ökologischen Funktionen von Hecken und Feldgehölzen in einem ausgewogenen Natur- und Landschaftshaushalt einschließlich der biotopspezifischen Auswirkungen wird nur kurz hingewiesen mit dem Fazit, daß eine durch Hecken und Feldgehölze gegliederte Kulturlandschaft nicht nur landschaftsökologisch, sondern auch psychisch stabilisierend wirken kann.

Übersicht 1 (I):
Geländelagen und Standorte, die sich aufgrund landschaftlicher Ausprägung, Funktionen, Schutzansprüche und Nutzungen besonders für die Anlage von Hecken, Feldgehölzen und Bäumen eignen.

---

1. Punktuelle Pflanzungen

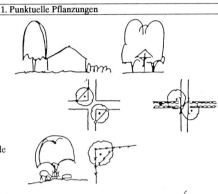

1.1 Als Haus-, Grenzbaum
an einem Feldkreuz
an einer Feldscheune

1.2 An Wegekreuzungen
Wegegabelungen
Überfahrten
Brücken

1.3 Als Schattenbaum in der Viehweide
An Koppelgrenze und Tränken
Am Feldrand

1.4 Als Wetter-, Sonnen- oder Bodenschutz
Für Viehweiden und Hutungen
insbesondere auf heißen Südhängen
im Gebirge und Mittelgebirge

---

2. Lineare Pflanzungen

2.1 An Gemarkungsgrenzen und
als Grenzhang zwischen Nachbarn
An Nutzungsgrenzen parallel zur Bearbeitungsrichtung

2.2 An der "Kopfseite" schmaler Grundstücke
Zwischen 2 schmalen Feldwegen
Als Trennpflanzung zwischen Verkehrsstraßen und Wirtschafts-, Rad-, Reit- und
Wanderwegen

2.3 Längs eines Wirtschaftsweges
(Ostseite insbes. bei Gefahr starker Schneeverwehungen, Schneefahne liegt dann
im Feld)

2.4 Bei Ost-West-Pflanzungen und an Wegen
mit wassergebundener Decke auf West-Seite,
damit Weg rasch abtrocknen kann.
Trapez-/Dreiecksform der Pflanzung verringert den Schattenwurf.

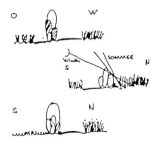

Übersicht 1 (II):

2. Lineare Pflanzungen

2.5 Bei Ost-West-Pflanzungen und an Wegen
mit Beton- o. Bitumendecke
auf der Süd-Seite (geringe Beschattung des
Feldes)

2.6 An öffentlichen Straßen

2.7 An Gräben Süd-Seite bevorzugen
(verringerte Verkrautung)

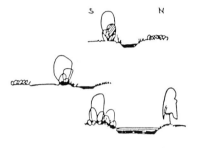

2.8 Pflanzung zwischen Weg und Bach
Süd-Seite bervorzugen
(verringerte Verkrautung)

2.9 An mittleren und größeren Fließgewässern

2.10 An kleineren Wasserläufen mit stark wech-
selndem Wasserstand, außerhalb des
mittleren Hochwasserbereichs im Bereich
der Überschwemmungsmulde pflanzen,
damit Abflußquerschnitt frei bleibt

2.11 An kurzen Böschungen, Feldrinnen und
Hangterrassen (evtl. mit hangseitigem Fang-
graben oder hangseitigem Gürtelweg; auf
talseitigen Böschungen Fläche gegen Ab-
rutschen und Abschwemmung bepflanzen.).

2.12 Zur Einbindung technischer Bauwerke
Sicht-, Immissionsschutz

2.13 Oberhalb gefährlicher Steilkanten:
Absperrung
Verhinderung des Absturzes von Mensch
und Vieh

2.14 Unterhalb steinschlaggefährdeter Stellen

2.15 Zwischen sensiblen Schutzgebieten/-objekten
(NSG, ND, Geschützter Landschaftsbestandteil) und Schadstoffemittenten

Übersicht 1 (III):

2. Lineare Pflanzungen

2.16 Zwischen Spiel-/Sport-/ Erholungsanlagen,
-punkten und visuell u. akustisch störenden
Anlagen: Sicht-/Lärmschutzpflanzung

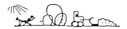

2.17 Zwischen Biotopflächen
Wald - Wald
Wald - Gewässer
Wald - Trockenbiotop
Wald - Feuchtwiese
Gewässer - Gewässer
Gewässer - Siedlung
Gewässer - Moor u.a.

2.18 Auf Geländerippen

3. Flächenhafte Pflanzungen

3.1 Bodenschutz: gegen Erosion
Verbesserung des Wasserhaushaltes auf
landw. Grenzertragsböden in Hanglagen

3.2 Zur Sicherung steiler Anschnitte und
Schüttungen bei techn. Großbaustellen

3.3 Auf der Landseite von Hochwasserdämmen/
-deichen zur Befestigung des Schüttkörpers

3.4 Zur Eingliederung von Großentnahmen
(Sand-/ Ton-/ Kiesgruben), Aufbau von
Biotopen, Steigerung der Siedlungsdichte
heckenbrütender und freibrütender
Vogelarten; für Niederwildarten
(Hegebusch, Wildremisen, Vogelschutz-
gehölz)

3.6 Zum Schutz des Trinkwassers in Wasser-
schutzgebieten (Zonen I u. II)

Literatur

● ADAM, K., C.L. KRAUSE, 1983: Landschaftsbilder der Bundesrepublik Deutschland - In: KRAUSE, ADAM u. SCHÄFER - Hrsg.: Bundesforschungsanstalt; Schriftenreihe für Landschaftspflege und Naturschutz, H. 25 Bonn-Bad Godesberg

● ASSEBURG, M., W. HÜHN, H.H. WÖBSE, 1985: Landschaftsbild und Flurbereinigung - Beiträge zur räumlichen Planung - Schriftenreihe des FB Landespflege der Universität Hannover, H. 12, Hannover

● HERRCHEN, F.D., C.L. KRAUSE, C.J.W. SCHMITT, 1988: Landschaftsbildgutachten Volkspark Niddatal. unveröffentlicht

● KRAUSE, C.L., 1985: Zur planerischen Sicherung des Landschaftsbildes und zur Berücksichtigung der Landschaftsbildqualitäten im Eingriffsfall, S. 136 - 152, Hrsg.: Institut für Städtebau Berlin, H. 37, Berlin

● KRAUSE, C.L., 1986: Zur Bewertung des Landschaftsbildes S. 928 - 936, In: Kriterien für die Auswahl von Landschaften nationaler Bedeutung, Deuscher Rat für Landespflege - Schriftenreihe H. 50, Bonn

● KRAUSE, C.L., B. SCHÄFER, 1983: Landschaftsbildanalyse auf lokaler Ebene - In: KRAUSE, C.L.; K. ADAM, B. SCHÄFER, Landschaftsbildanalyse - Hrsg.: Bundesforschungsanstalt für Naturschutz und Landschaftsökologie, Schriftenreihe für Landschaftspflege und Naturschutz, H. 25, Bonn-Bad Godesberg

● RICCABONA, S. 1981: Landschaftsästhetische Bewertungsproblem, In: Beurteilung des Landschaftsbildes, Tagungsbericht 7/81, Akademie für Naturschutz und Landschaftspflege (ANL), Laufen/Salzach

● SLOBODDA, S. 1985: Pflanzengemeinschaften und ihre Umwelt, Jena

● STÄHR, E. 1984: Die ästhetische Wirkung von Laubbäumen in der freien Landschaft - In: Taspo-Magazin, Juni

● STREETER, D., R. RICHARDSON, W. DREYER, 1985): Hecken, Lebensadern der Landschaft, Heldesheim

● VESTER, F. 1983: Ballungsgebiete in der Krise. München, 2. Aufl.

● WALTHER, P. 1988: Vergleichende Studien zur Konstruktion von Bildern über Umweltwandel in Wissenschaft und Alltag, S. 1 - 9; In: Landschaft und Stadt 20. Jg. H. 1; Stuttgart

● WÜST, H.S., R.H. BECKMANN, 1982: Grünordnung im ländlichen Raum. Hrsg. Hess. Minister für Landesentwicklung, Umwelt, Landwirtschaft und Forsten. Wiesbaden

Prof. Dr. Christian Krause
Fachbereich
Gartenbau und Landespflege
Fachhochschule Wiesbaden
Hauptstraße 90
6227 Oestrich - Winkel

Das EDV-Anwendungssystem "NATUR"
der Naturlandstiftung Hessen e.V.

Dipl.-Biol. Thomas Bauer
Naturlandstiftung Hessen e.V.

Einleitung

Die praxisbezogene Naturschutzarbeit vor Ort setzt meist planerische Arbeiten voraus. Unter anderem entscheidet somit auch die Kapazität ökologisch geschulter, planerisch tätiger Fachkräfte darüber, in welchem Umfang Naturschutzmaßnahmen durchgeführt werden können.

Dieses Problem trat in den letzten Jahren auch in der Planungsabteilung der Geschäftsstelle der Naturlandstiftung Hessen e.V. zu Tage. Die Kreisverbände der Naturlandstiftung Hessen e.V. nutzen die Dienstleistungen dieser Abteilung, indem hier für alle übernommenen Naturschutzprojekte detaillierte Pflege- und Entwicklungspläne angefordert werden.

Bis zu 300 Projekten lagen dieser Abteilung zur Bearbeitung vor. Demgegenüber stand ein Personalbestand von wenigen, aus Mitteln des Arbeitsförderungssgesetzes finanzierten Fachkräften. Es war abzusehen, daß die Anforderungen auf Dauer nicht durch die vorhandenen Personalkapazität erfüllt Werden konnten.

Aus diesem Grunde entschloß sich die Naturlandstiftung Hessen e.V. im Jahre 1988, die EDV gezielt für Planungs- und Verwaltungsaufgaben ihrer Naturschutzprojekte zu nutzen.

1. Ausgangssituation

Zunächst war es der Naturlandstiftung Hessen e.V. möglich, die Daten zu den einzelnen Naturschutzprojekten mittels eines Textverarbeitungssystemes mit integrierter Datenbank zu speichern und einen aufwendigen Pflegeplan zu erstellen.

Eine rechnergestützte Auswertung der zuvor erhobenen Daten (z.B. Kostenkalkulationen der Maßnahme, Statistiken, Berechnung biologischer Faktoren), insbesondere aber eine aktive Unterstützung des Benutzers bei der Erstellung von Pflege- und Entwicklungsplänen oder der Planung von Feldgehölzen bzw. Hecken (von Computer erstellte Vor-

schläge zur Biotoppflege, Gehölzvorschlagslisten auf der Grundlage gespeicherter Daten) war nicht möglich, da hierzu die entsprechenden Programme fehlten.

Diese Arbeiten mußten weiterhin "am Schreibtisch" durchgeführt werden, so daß trotz des EDV-Einsatzes eine erhebliche Belastung des Planungsbüros bei der Bearbeitung der zahlreichen NLS-Projekte fortbestand und ein zeitlicher Verzug nicht vermieden werden konnte.

2. Zielsetzung

Um einen optimalen Einsatz der Datenverarbeitung im Planungsbüro zu erzielen und die Arbeit der NLS im Naturschutz noch effektiver zu gestalten, wurde beschlossen, ein speziell auf die Bedürfnisse der praxisorientierten Naturschutzarbeit vor Ort abgestimmtes Datenbank- und EDV-Anwendungssystem zu entwickeln, welches die Datenerfassung und Auswertung der einzelnen Projekte am PC möglichst einfach und zeitsparend gestaltet und auf Grund von Plausibilitätsabfragen Fehler bei der Eingabe vermeiden hilft.

Gleichzeitig soll das Programmsystem die Naturlandstiftung befähigen, durch die Möglichkeiten der Erfassung und Bewertung eines Biotopkatasters örtliche Naturschutzinstitutionen (z.B. Kommunen, Naturschutzgruppen) bei der Verwirklichung von Biotopverbundplanungen zu unterstützen. Das System unterscheidet somit 2 Anwendungsbereiche, die dieselben Datenbestände (Datenbanken) nutzen:

- **Biotopmanagment**
  - Bearbeitung der NLS-Naturschutzprojekte
- **Biotopkartierung**
  - Anleitungen zur Pflege und Entwicklung der Biotope eines Pflegeraumes

3. Realisierung

Mit der Entwicklung des Systemes wurde im Frühjahr 1989 begonnen, der Bereich Biotopmanagement ist seit dem Spätsommer 1989 im Einsatz, die

Erhebungsbogen NATURLAND-Projekte

Projekt ....

Projekt-Nr. ....

Bearbeitung abgeschlossen/ an KV übergeben am

Bearbeitung durch:

Landkreis:

Gemeinde:

Flur:

Nr.:

Größe: .... qm

Meßtischblatt Nr.:

Rechts-hoch-Wert:

Ausfüllen vor der Übernahme: Bearbeitungsbeginn:

Ankauf

Eigentümer:

Institut:

Straße:

Ort:

Möglicher Kaufpreis: (DM)

Pacht

Eigentümer:

Institut:

Straße:

Ort:

Möglicher Pachtpreis: (DM)

Ausfüllen nach der Übernahme: Übernommen am:

Ankauf

Angekauft seit:

Eigentümer:

Institut:

Straße:

Ort:

Kaufpreis: (DM)

Pacht

Angepachtet seit:

Angepachtet bis:

Eigentümer:

Institut:

Straße:

Ort:

Besitzer:

Pachtpreis: (DM)

Erhebungsbogen NATURLAND-Projekte

Ist-Zustand Bitte ggf. Einheiten eintragen	Biotoptypen	Entwicklungsziel Bitte ggf. ankreuzen
Agrarbiotope	**Agrarbiotope**	**Agrarbiotope**
qm	Weide	o
qm	Wiese 2-schürig	o
qm	Wiese 1-schürig	o
qm	Wiese mit Obstbäumen	o
qm	Acker	o
lfd. m	Ackerrandstreifen	o
Brachen	**Brachen**	**Brachen**
qm	Grasbrache	o
qm	Hochstaudenflur	o
qm	Ruderalplatz	o
qm	Röhricht	o
qm	Ackerbrache	o
qm	Sukzessionsfläche	o
Gehölzbiotope	**Gehölzbiotope**	**Gehölzbiotope**
qm	Zwergstrauchheide	o
Stück	Einzelne Gehölze	o
qm	Feldgehölz	o
Stück	Streuobstbäume	o
lfd. m	Waldrand	o
qm	Weinberg	o
qm	Wald	o
qm	Aue-, Bruchwald	o
Stück	Gehölz am Gewässer	o
Gewässerbiotope	**Gewässerbiotope**	**Gewässerbiotope**
qm	Stillgewässer	o
qm	Quelle	o
lfd. m	Fließgewässer	o
lfd. m	Graben	o
lfd. m	Ufer	o
Sonstige Biotope	**Sonstige Biotope**	**Sonstige Biotope**
qm	Moor	o
lfd. m	Trockenmauer	o
o	Felssteilwand	o
o	Höhle	o
sonstige	Sonstige	sonstige
o		o
o		o
o		o

Abb.1: Der Erhebungsbogen NATURLAND-Projekte (Biotopmanagment)

```
FLORA / FAUNA          Biotop-Kartierung          Biotopmanagement      Ende

FLORA                  BIOTOPDATEN
Erfassen / Ändern      Stammdaten
Artenliste-latein      BIOTOPE
Artenliste-deutsch     Biotoptypen definieren
DRUCKEN Artenliste     Maßnahmen für Biotoptypen
                       Biotopbewertung (Text)
FAUNA                  Botan. Artenliste-latein
Erfassen / Ändern      Botan. Artenliste-deutsch
Artenliste             Zool. Artenliste
DRUCKEN Artenliste
                       DRUCKEN
LÖSCHEN                Kataster drucken, einzeln
Botan. Artenliste      Kataster drucken, alle
Zool. Artenliste       LÖSCHEN
                       Datensätze löschen
                       Verzeichnis löschen
```

Abb.2:   Benutzeroberfläche des Anwendungssystems "NATUR"

EDV-gestützte Biotopkartierung ist seit Januar 1990 einsatzfähig.

3.1   Hardware-Anforderungen

Mindestanforderungen:

- Personal-Computer IBM-AT-kompatibel
- Arbeitsspeicher 640 KB RAM
- Festplatte 20MB
- Betriebssystem MS-DOS 3.2 oder höher
- Drucker

3.2   Organisation

3.2.1 Erhebungsbogen

Die Planungsabteilung stellt vorgedruckte Erhebungsbögen zum Biotopmanagment (Abb. 1) und zum Biotopkataster zur Verfügung, die vor Ort mit den entsprechenden Daten gefüllt werden. Hierdurch wird die Datenerhebung computergerecht standardisiert. Die Angaben des Erhebungsbogens können noch durch Anmerkungen ergänzt werden, die dem Bearbeiter im Planungsbüro die Erstellung inhaltlich richtiger Pflegepläne, Katasterblätter etc. ermöglichen.

3.2.2 Benutzeroberfläche

Um eine problemlose Dateneingabe zu ermöglichen, wurde eine möglichst komfortable menügesteuerte Benutzeroberfläche (Abb. 2,3) geschaffen. Die Eingabemasken für die Daten sind optisch weitgehend den Erhebungsbögen angepaßt, so daß ein hoher "Wiedererkennungsgrad" zwischen Papier und Bildschirm besteht und so auch für den Ungeübten kaum Schwierigkeiten bei der Datenerfassung auftreten.

3.3   Das System

3.3.1 Die Datenbanken

Alle erfaßten Daten werden in relationalen Datenbanken gespeichert. Dadurch können auch große Datenmengen schnell verarbeitet werden.

Folgende Datenbanken sind fester Bestandteil des Anwendungssystemes (Abb.4).

- **Stammdaten** (räumliche Lage, Besitzverhältnisse, Biotope, Größe)

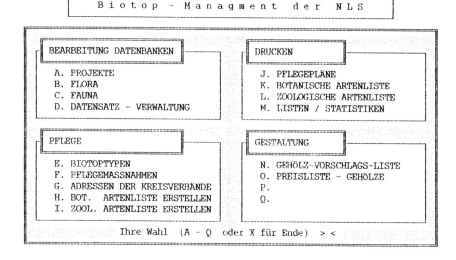

Abb.3: Menü zum Biotop-Managment der NLS

● **"Flora"** botanische Arten, Gefährdungsgrad, ökologisches Verhalten (Zeigerwerte)

● **"Fauna"** zoologische Arten, Gefährdungsgrad

● **"Biotope"** Pflegemaßnahmen, Gerät, Pflegeturnus, Jahreszeit, Dringlichkeit

● **"Pflegemaßnahmen"** Maßnahmen, Arbeitsgeräte, Kosten pro Einheit

● **"Biotopmanagement"** (Projektdaten der Naturlandstiftung Hessen)

Folgende Datenbanken und Dateien werden während der Verarbeitung vom System automatisch aufgebaut und können vom Benutzer auch wieder gelöscht werden:

● **Artenlisten**

● Stamm-Datenbanken zur **Biotopkartierung**

Für jedes Kataster wird ein Unterverzeichnis angelegt und die Stammdatenbank, die Biotopdateien und die Artenlisten in diesem Verzeichnis abgespeichert.

3.3.2 Biotop-Management (NLS-Naturschutzprojekte)

Neben der Datenbankpflege ermöglicht das System hier u.a. die Erstellung und Ausgabe projektbezoge-

ner Pflegepläne, Artenlisten, Kostenkalkulationen und Gehölzbestellisten (Prozedur B in Abb.4).

Bei der Pflegeplanerstellung benutzt der Rechner die in den Datenbanken "Biotope" und "Pflegemaßnahmen" abgelegten Daten als Voreinstellwerte. Hieraus erstellt er eine "Schnittstellendatei" mit

● **Vorschlägen zur Pflege der einzelnen Biotope**

und den

● **zu erwartenden Kosten für das jeweilige Projekt.**

Dieser Pflegeplanentwurf kann vom Benutzer nach Kontrolle übernommen und ausgedruckt oder unmittelbar am Bildschirm geändert werden. Bei Bedarf sind die Voreinstellwerte in den Datenbanken Flora und Fauna zu ändern.

Die

● **Planung von Feldgehölzen und Hecken**

wird unterstützt, indem der Rechner anhand der zuvor generierten biologischen Faktoren die stand-

Abb.4: Schematische Darstellung des Datenverarbeitungssystems "NATUR"

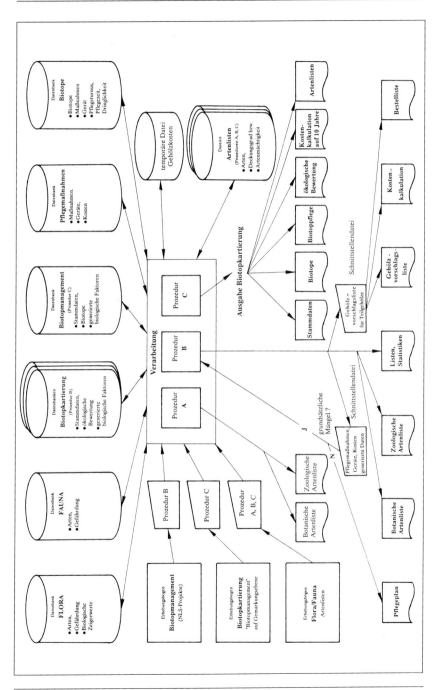

ortgerechten Gehölze vorschlägt. (Voraussetzung für diese Berechnung ist eine vegetationskundliche Aufnahme des Standortes und die Erstellung einer botanischen Artenliste am PC.)

Nach Eingabe der Größe des geplanten Feldgehölzes und des Pflanzabstandes berechnet das Programm die

• Anzahl der benötigten Pflanzen,

wobei eine Unterscheidung in Kern- und Mantelzone möglich ist. Der Benutzer kann nun seine Auswahl (Art der Gehölze, Anzahl) treffen, das Programm verhindert die Anwahl von Gehölzen über den berechneten Bedarf hinaus. Gleichzeitig werden laufend die Kosten kalkuliert. Die erstellte Gehölzliste kann nun vom Benutzer in Form einer

• Kostenkalkulation oder
• Bestelliste

ausgedruckt werden.

3.3.3 Biotop-Kartierung (Prozedur C in Abb.4)

Der Übertrag der Daten vom entsprechenden Erhebungsbogen in den PC und die Verarbeitung verlaufen in weiten Teilen analog zum Biotopmanagement. Zusätzlich sind Textfelder eingerichtet worden, die die Eingabe ökologischer Bewertungen ermöglichen. Auch die Kostenberechnungen sind gegenüber dem Biotopmanagement modifiziert worden.

Der Anwender erhält bei entsprechender Datenvergabe:

• **Vorschläge zur Pflege einzelner Biotope**
• **Vorschläge, welche Geräte bei der Biotoppflege eingesetzt werden können**
• **eine Aufstellung, welche Pflegemaßnahmen im Planungsraum mittelfristig anfallen**

In Abhängigkeit von Turnus (jährlich, alle 2 Jahre u.s.w.) und der Dringlichkeit der zuvor definierten Pflegemaßnahmen für die jeweiligen Biotope wird ein

• **detaillierter Kostenplan über 10 Jahre**

erstellt, aus dem ersichtlich ist, welche Kosten in welchem Jahr entstehen, so daß eine betriebswirtschaftliche Planung über einen größeren Zeitraum möglich ist.

4. Ausblick

Die Zukunft der Entwicklung des hier in groben Umrissen dargestellten Anwendungssystems (eine detailliertere Darstellung würde an dieser Stelle den Rahmen sprengen) ist abhängig von der Entwicklung der Finanzierung. In einer Zeitspanne von 9 Monaten konnte ein Anwendungssysten entwickelt werden, das jedoch noch nicht alle Ansprüche an ein derartiges praxisorientiertes DV-System erfüllt. Erhebliche Erweiterungen und Optimierungen sind vorstellbar und sinnvoll. Es soll hier nur an die Möglichkeit der Planungsdarstellung in graphischer Form erinnert werden. Software (Auto-Cad) und Hardware (Plotter) zur Umsetzung solcher Ziele können von der Planungsabteilung der Naturlandstiftung genutzt werden. Es wäre wünschenswert, durch Bereitstellung ausreichender Finanzmittel diese Effektivierungsmaßnahme durch weitere Entwicklungen des Anwendungssystemes fortführen zu können.

Die "ABM-bedingte" Fluktuation im Personalbestand der NLS läßt eine kontinuierliche DV-Entwicklungsarbeit kaum zu und ist eine ungünstigte Voraussetzung zur Pflege eines komplexen EDV-Systems.

Dieses Problem gilt es zu lösen, denn auch der praxisbezogene Naturschutz wird zukünftig nicht ohne den massiven Einsatz der EDV auskommen können!

Dipl.-Biologe Thomas Bauer
Verein Naturlandstiftung Hessen e.V.
Bahnhofstraße 10
6302 Lich
Tel.: 06404/61070

Maschinen
zur Pflege von Feldgehölzen

Zusammengestellt von
Dipl. Ing. agr. Christine Fend
Naturlandstiftung Hessen e.V.

Diese Zusammenstellung erhebt nicht den Anspruch auf Vollständigkeit!
Die aufgeführten Daten beruhen i.R. auf Angaben der Hersteller.

Motorsägen, elektrische Heckenscheren, pneumatische Schnittanlagen u.a.
handbetriebene Geräte, die auch in der Knickpflege Verwendung finden können,
werden von vielen Herstellern angeboten. Wir haben daher auf eine Darstellung in
diesem Band verzichtet.

Dienstleistungen von Lohnunternehmern werden durch Umrahmung gekennzeichnet

Für die Richtigkeit der Daten verbürgen wir uns nicht.

Heckenscheren

Böschungsmäher

Hersteller,
ggf. Werksvertretung: Fa. DÜCKER KG
Anschrift, Telefon-Nr.: 4424 Stadtlohn,
Wendfeld 9,
02563/7988

Gerätebeschreibung

Fabrikat: DÜCKER
Typ: Böschungsmäher
SMK 500 mit
Ast- und Wallhecken-
schere
Bauart: Anbau
Antriebsart: hydraulisch
Art des
Arbeitswerkzeuges: 2 Scherenmesser

Sonderausrüstung:
Mähkopf und Grabensohlenfräse als zusätzliche Arbeitsgeräte lieferbar.

Technische Daten

Kraftbedarf: ab 20 kW
Eigengewicht: 900 kg
Drehzahl: 50 Hübe/min.
Umfangs-/
Schnittgeschwindigkeit: 2 km/h
Arbeitsbreite: 2,20 m

Reichweite
oben: 6,50 m
zur Seite: 5,80 m
Abmessungen in Transportstellung
Länge: 2,45 m
Breite: 1,40 m
Höhe: 1,40 m

Beschreibung der Arbeitsweise:

Die Drücker Böschungsmäher werden als Front- oder Heck-Anbaugeräte an Schleppern ab 60 PS betrieben.

In Verbindung mit der Ast- und Wallheckenschere können Äste bis zu 12 cm Durchmesser sauber abgeschnitten werden. Die verbleibenden Aststümpfe weisen eine glatte Schnittfläche aus und bieten somit die besten Bedingungen für den Wiederaustrieb.

Der Ast- und Wallheckenschneider besteht aus einem grobgezahnten feststehenden und einem beweglichen Messer, das durch einen Hydraulikzylinder angetrieben wird. Durch die verhältnismäßig langsamen Bewegungen besteht keine Gefahr durch herumfliegende Teile. Die Wartung und Reparaturanfälligkeit ist sehr gering.

Als weitere Zusatzgeräte zu den Böschungsmähern ist der Schlegelmähkopf mit 1,30 m Arbeitsbreite und die Grabensohlenfräse lieferbar.

Heckenschere/Schlegler

Hersteller, ggf. Werksvertretung:	RANSOMES Deutschland GmbH
Anschrift, Telefon-Nr:	Wilhelm-Stein-Weg 24, 2000 Hamburg 63, 040/5382053

Gerätebeschreibung

Fabrikat:	TURNER
Typ:	Super 25 Schlegler
Bauart:	
Aufbau (Anbau d. Schere an verschiedene Auslegergeräte und Frontlader möglich)	
Antriebsart:	hydraulisch
Art des Arbeitswerkzeuges:	
für Bewuchs von einer Stärke bis zu 3,5 cm	

Sonderausrüstung:
Grundmaschine auf verschiedene Trägerfahrzeuge montierbar, Arbeitsbreite der Heckenschere 300 cm
Turner Super 25 ist vollschwenkbar, für Rechts- und Linksarbeit (Fernbedienung der Steuerventile kann schnell umgesteckt werden)

Technische Daten

Kraftbedarf:	38 kW
Eigengewicht:	1990 kg
Arbeitsbreite:	13,00/21,22 m
Reichweite	
oben:	7,00 m
unten:	5,00 m
zur Seite:	6,00 m

Mähwerk mit Böschungsbock

Hersteller, ggf. Werksvertretung:	LELY Landmaschinen Vertriebs GmbH
Anschrift, Telefon-Nr.:	Hans Böcklerstraße, D 4710 Lüdinghausen, 02591/6095

Gerätebeschreibung

Fabrikat:	LELY
Typ:	Lely 165, 205, 240
Bauart:	Anhängung -3- Punkt
Antriebsart:	Zapfwelle
Art des Arbeitswerkzeuges:	
pro Scheibe 2 Mähklingen	

Sonderausrüstung:
Mit Böschungsbock ausgestattet kann das Lely Mähwerk zum Schneiden von Hecken eingesetzt werden. Mähwerk kann hydraulisch bis zu einem Winkel von 90° angehoben werden (vertikaler Schnitt)

Technische Daten

Kraftbedarf:	23/27/30 kW
Eigengewicht:	320/340/360 kg
Drehzahl:	540 U/min
Reichweite	
oben:	bis 90°

Astschere

Hersteller, ggf. Werksvertretung:	Lohnunternehmer WILHELM RUPPERT
Anschrift, Telefon-Nr.:	Kasseler Str. 29, 3505 Gudensberg, 05603/2415

Gerätebeschreibung

Fabrikat:	DÜCKER Astschere
Bauart:	Anbau
Antriebsart:	hydraulisch
Art des Arbeitswerkzeuges:	
2 Scherenmesser; Äste bis zu 12 cm können sauber durchschnitten werden.	

Technische Daten

Kraftbedarf:	ab 20 kW
Eigengewicht:	900 kg
Drehzahl:	
Umfangs-/ Schnittgeschwindigkeit:	2 km/h
Durchmesser des Werkzeuges:	2,20 m
Reichweite	
oben:	6,50 m
zur Seite:	5,80 m
Abmessungen in Transportstellung	
Länge:	2,45 m
Breite:	1,45 m
Höhe:	1,45 m

Hecken-Schneidmaschine

Hersteller,
ggf. Werksvertretung: KUNZELMANN-
BÖHME
Anschrift, Telefon-Nr.: Maschinen- und
Apparatebau GmbH
7818 Vogtsburg,
Hinterkirch 4,
07662/6061

Gerätebeschreibung

Fabrikat: KUNZELMANN-
BÖHME
Typ: HS 170
Bauart: Anbau
Antriebsart: hydraulisch
Art des Arbeitswerkzeuges:
Schneidwerk, Doppelmesserklingen Feinschnitt
und Grobschnitt

Technische Daten

Kraftbedarf: ca. 6,5 kW
Eigengewicht: 340 kg
Arbeitsbreite: 1,70 m

Reichweite
oben: 5,60 m
unten: Boden
zur Seite: 3,80 m
Abmessungen in Transportstellung
Länge: 0,75 m
Breite: 2,00 m
Höhe: 2,30 m

Beschreibung der Arbeitsweise:

Die Hecken-Schneidmaschine HS 150 und HS 170
sind ideale Maschinen für das Schneiden von
Hecken, Hölzern und Ästen sowie Bodendeckern.
1. Ein breiter Anwendungsbereich und ein hohes
Maß an Flexibilität werden durch die beiden Spezial-
Schneidwerke nach dem Doppelmesser-Prinzip er-
möglicht:
Feinschnitt für den Jahresbewuchs von Laub und
dünnen Hölzern,
Grobschnitt für Hölzer und Äste bis ca. 30 mm
Stärke (Weichholz).
2. Die Hecken-Schneidmaschinen können an jeden
Traktor-Typ angebaut werden, mit serienmäßig

standardisierten Anbaukonsolen für alle bekannten Fabrikate oder mit einer speziellen Konsole.

Der Antrieb der Maschine erfolgt entweder von der bestehenden Traktor-Hydraulik oder über die Frontzapfwelle mit einer Hydropumpe.

Als Sonderausrüstung ist eine hydraulische Antriebseinheit für Zapfwellenanschluß hinten oder vorne lieferbar.

3. Sämtliche Bewegungen erfolgen hydraulisch:
- Doppelmesser-Schneidwerk,
- Heben und Senken des Auslegers,
- Seitenverschiebung des Auslegers,
- Drehen des Schneidwerkes um 270 Grad, auf Wunsch 360 Grad.

Der HS 170 ist mit einer zusätzlichen hydraulischen Höhenverstellung ausgerüstet.

4. Die Maschine mit allen Funktionen wird zentral von der im Traktor zu montierenden und über ein Kabel verbundenen Steuerungskonsole gesteuert, unterstützt von einer modernen und servicefreundlichen Elektronik.

Die Bedienung der Maschine ist übersichtlich und einfach. Sie kann in jedem Arbeitszustand unter Kontrolle gehalten und feinfühlig nachgeführt werden.

Heckenschere

Hersteller, ggf. Werksvertretung:	HERDER B.V.,
Anschrift, Telefon-Nr.:	Herculesweg 6, NL 4330 EA Middelburg, 01180/29356

Gerätebeschreibung

Farbrikat:	HERDER
Bauart:	Schlepperanbau (MBK 120)
Antriebsart:	hydraulisch

Sonderausrüstung:

Mit speziellen hydraulischen System kann ein Gegendruck eingestellt werden, der das Gewicht des Gerätes eventuell auf 1 kg reduziert und über dem Boden schweben läßt, ohne daß ein Hebel betätigt werden muß.

Technische Daten

Krafbedarf:	60 kW
Eigengewicht:	2000 kg
Reichweite	
oben:	10,00 m
unten:	30,00 m
zur Seite:	7,00 m
Abmessungen in Transportstellung	
Länge:	5,00 m
Breite:	2,25 m
Höhe:	4 ,00 m

Heckenschere

Hersteller, ggf. Werksvertretung:	BACKERS & GILBERS GmbH & Co.KG
Anschrift, Telefon-Nr.:	Meppener Str. 120, 4478 Geeste 4, 05937/1237

Gerätebeschreibung

Fabrikat:	GILBERS
Bauart:	Anbau
Antriebsart:	vollhydraulisch
Art des Arbeitswerkzeuges:	

1 feststehendes, 1 bewegliches Messer schneidet Gestrüpp und Äste bis zu 2-3 cm Stärke

Sonderausrüstung:

Antrieb über Hydraulikmotor und über Exenter, der die Messer bewegt; Rechts oder Linksarbeit möglich

Technische Daten

Kraftbedarf:	10-12 kW
Eigengewicht:	260 kg
Drehzahl:	ca. 400 U/min
Arbeitsbreite:	2-3 m
Abmessungen in Transportstellung	
Länge:	3,00 m
Breite:	1,10 m
Höhe:	0,70 m

Astknacker

Hersteller,	
ggf. Werksvertretung:	BACKERS &
	GILBERS GmbH &
	Co.KG
Anschrift, Telefon-Nr.:	Meppener Str. 120,
	4478 Geeste 4,
	05937/1237

Art des Arbeitswerkzeuges:
Großzahniges Untermesser fest und Obermesser
beweglich, wird durch Hydraulikzylinder bewegt.
Gestrüpp und Äste bis zu 9 cm werden sauber abgeschnitten, ohne daß eine Zerfransung und Aufspaltung des Schnittgutes bewirkt wird.

Gerätebeschreibung

Fabrikat:	GILBERS
Typ:	BG 215 D
Bauart:	Anbau
Antriebsart:	vollhydraulisch

Technische Daten

Kraftbedarf:	20 kW
Eigengewicht:	210 kg
Arbeitsbreite:	2,15 m
Abmessungen in Transportstellung	
Länge:	2,18 m
Breite:	0,40 m
Höhe:	0,46 m

Buschtrimmer

Hersteller,	
ggf. Werksvertretung:	Kommunalmaschinen-
	Vertriebsges.mbH
Anschrift, Telefon-Nr.:	Max-Planck-Str. 7
	2390 Flensburg,
	0461/17188-89

Gerätebeschreibung

Fabrikat:	PÖMA
Typ:	Buschtrimmer BT 250
Bauart:	Anbau an Unimog
Antriebsart:	Hydraulisch

Art des Arbeitswerkzeuges:
Schneidmotor mit 3 Wellensegmenten, die jeweils
mit 2 durchgehenden, festen Messern versehen sind
Äste bis 12 cm Durchmesser schneidbar; hohe
Drehzahl

Technische Daten

Kraftbedarf:	60 kW
Eigenbewicht:	1500 kg
Drehzahl:	6000 U/min
Umfangs-/	
Schnittgeschwindigkeit:	40 m/s
Durchmesser des	
Werkzeuges:	90 mm
Arbeitsbreite:	2,50 m
Reichweite	
oben:	5,00 m
unter:	0,50 m
zur Seite:	2,00 m
Abmessungen in Transportstellung	
Länge:	5,50 m
Breite:	2,30 m
Höhe:	3,10 m

Messer-Schleifmaschinen

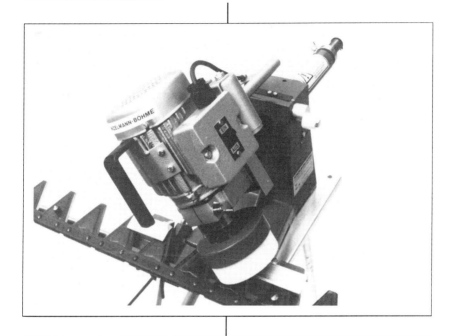

Messer-Schleifmaschine

Hersteller, ggf. Werksvertretung:	KUNZELMANN-BÖHME Maschinen- und Apparatebau GmbH	Drehzahl:	3000 U/min.
Anschrift, Telefon-Nr.:	Hinterkirch 4, 7818 Vogtsburg-Achkarren 07662/6061	Durchmesser des Werkzeuges:	10 cm

Drehzahl: 3000 U/min.
Durchmesser des Werkzeuges: 10 cm

Abmessung in Transportstellung:

Länge: 0,70 m
Breite: 0,70 m
Höhe: 1,10 m

Gerätebeschreibung

Fabrikat: KUNZELMANN-BÖHME
Typ: SM 100
Antriebsart: elektrisch, 220 V oder 380 V3N
Art des Arbeitswerkzeuges: Schleifscheibe 100 mm

Technische Daten

Kraftbedarf: 0,25 kW
Eigengewicht: 27 kg

Beschreibung der Arbeitsweise:

Die Messer-Schleifmaschinen SM 100 sind ideale Maschinen zum Schleifen von Mähmessern aller Fabrikate.

Das zu schleifende Messer wird in einer Spannvorrichtung eingespannt. Die Einstellung erfolgt einfach, schnell und präzise.

Durch die genaue Messerführung ist ein exakter winkelgetreuer Nachschliff gewährleistet. Zwei Seiten der Klingen werden jeweils ohne Nachschieben geschliffen. Der Schnittwinkel ist beliebig wählbar.

Kreissägen

Kreissäge

Hersteller,
ggf. Werksvertretung: KRINKE & KRÜGER
Mähtechnik GmbH
Anschrift, Telefon-Nr.: Hubertusstr. 16,
3012 Langenhagen,
0511/736048

Gerätebeschreibung

Fabrikat: HERDER/ K.u.K.
Typ: KS 90 / KS 180
Bauart: Arbeitsgerät für
Auslegermähgeräte/
Bagger

Art des Arbeitswerkzeuges:
Kreissäge - einfach - alternativ: Tandem-Säge

Technische Daten

Kraftbedarf:	ca. 70 l/min.
Eigengewicht:	ca. 110/180 kg
Umfangs-/	
Schnittgeschwindigkeit:	1100-1600 U/min.
Durchmesser des	
Werkzeuges:	90/180 cm
Arbeitsbreite:	90/180 cm
Reichweite	je nach Auslegerlänge

Beschreibung der Arbeitsweise

Hydraulisch angetriebene Kreissäge (Durchmesser 90 cm/180 cm) zum Anbau an Auslegermähgeräte oder Bagger.
Geeignet zur Knickpflege, zum Ausästen von Bäumen an unzugänglichen Stellen, Zurückschneiden von Strauchwerk und Hecken, Lichtraumprofilschneiden etc.
Schnittstärke bis ca. 30 cm (je nach Gehölz).

Kreissäge/Schlegler

Hersteller, ggf. Werksvertretung:	Johs. JENSEN & SOHN KG,
Anschrift, Telefon-Nr.:	Flensburger Str. 31, 2395 Husby, 04634/501

Gerätebeschreibung

Fabrikat:	LELY
Typ:	H-Super Long
Bauart:	Dreipunkt
Antriebsart:	Zapfwelle

Art des Arbeitswerkzeuges:
Bankettenschlegler, ausrüstbar mit
1. Messerscheibe mit 6 Messern
2. Kreissägenblatt (910 mm Durchmesser)

Technische Daten

Kraftbedarf:	30 kW
Eigengewicht:	500 kg
Umfangs-/ Schnittgeschwindigkeit:	50 m/s
Reichweite	
oben:	4,70 m
unten:	1,80 m
zur Seite:	4,10 m
Abmessungen in Transportstellung	
Länge:	1,50 m
Breite:	1,50 m
Höhe:	2,60 m

Kreissäge/Baumfräse

Hersteller, ggf. Werksvertretung:	Kommunalmaschinen Vertriebsges. mbH, EPOKE
Anschrift, Telefon-Nr.:	Max-Planck-Str. 7, 2390 Flensburg 0461/17188

Gerätebeschreibung

Fabrikat:	EPOKE
Typ:	GH 50, Seitenanbau
Bauart:	Schlepperanbau
Antriebsart:	hydraulisch

Art des Arbeitswerkzeuges:
Baumfräse: rotierende Welle mit Fräsmessern
Kreissäge: Kreissägeblatt 900 mm Durchmesser
passende Mähgeräte für die verschiedensten
Grundgeräte (MB-Trac, Unimog, Intrac etc.)

Technische Daten

Kraftbedarf:	33 kW
Eigengewicht:	1400 kg
Drehzahl:	6000 U/min.
Arbeitsbreite:	2,50 m
Reichweite	
oben:	6,00 m
unten:	2,00 m
zur Seite:	5,00 m

Kreissäge

Hersteller, ggf. Werksvertretung:	Lohnunternehmen JENS PENTZLIN
Anschrift, Telefon-Nr.:	2321 Schönweide 04383/494

Gerätebeschreibung

Bauart:	Anbau an Bagger
Antriebsart:	hydraulisch

Technische Daten

Eigengewicht:	90 kg
Drehzahl:	1500 U/min.
Durchmesser des Werkzeuges:	90 cm

Beschreibung der Arbeitsweise:

Bagger fährt im Abstand von 1 m parallel am Knick entlang, stoppt, steuert das Sägeblatt in bestimmte Höhe und sägt im Schwenken den Knickaufwuchs ab.

Kreissäge

Hersteller,
ggf. Werksvertretung: Lohnunternehmen
RUMPEL GmbH
Anschrift, Telefon-Nr.: Süselermoor 2,
2420 Süsel
04524/373 u. 9771

Gerätebeschreibung

Bauart: Anbau an Bagger
Antriebsart: hydraulisch

Sonderausrüstung/Besonderheit:
Reichweite vom Trägerfahrzeug bis zum Knick bis
6,50 m (auch über Gräben und Zäune schwenkbar)

Technische Daten

Kraftbedarf:	22 kW
Eigengewicht:	90 kg
Durchmesser des Werkzeuges:	90 cm
Reichweite	
oben:	7,00 m
zur Seite:	6,50 m

Schlegelmäher

Schlegelmäher

Hersteller,
ggf. Werksvertretung: Ludwig RIEDE,
Kommunal-, Garten-und
Landschaftspflege,
Technische Geräte
Anschrift, Telefon-Nr.: 3505 Gudensberg 1
05603/2003-2002

Gerätebeschreibung

Fabrikat: BOMFORD
Typ: B 528, B 577
Bauart: Anbau
Antriebsart: Zapfwelle

Sonderausrüstung:
Unabhängiges Hydraulik-System, Montage rechts
und links möglich, Mährotor mit Schwebeeinrich-
tung (mittels Hydra-cushion)
Der B 577 ist eine neue Weiterentwicklung.

Technische Daten

Kraftbedarf:	33 kW
Eigengewicht:	894 kg
Drehzahl:	540 U/min.
Reichweite	
oben:	5,65 m
zur Seite:	5,20 m
Abmessungen in Transportstellung	
Breite:	1,50 m

Schlegelmäher

Hersteller,		Technische Daten	
ggf. Werksvertretung:	Ing. H. FISCHER	Kraftbedarf:	36 kW
Anschrift, Telefon-Nr.:	Niedere Klinge 16,	Eigengewicht:	700 kg
	7121 Gemmrigheim	Drehzahl:	2000 U/min.
	07143/9016	Arbeitsbreite:	2,30 m
		Lieferbar	1,90m; 2,70m

Gerätebeschreibung

Reichweite

		oben:	ebenerdig
Fabrikat:	VOTEX	*Abmessungen in Transportstellung (schräg)*	
Typ:	RM 2306	Länge:	1,00 m
Bauart:	Schlegelmäher	Breite:	2,50 m
Heck- und Frontanbau		Höhe:	1 ,00m
Antriebsart:	mechanisch		
Art des			
Arbeitswerkzeuges:	72 Schlegel		

Schlegelmäher

Hersteller,		Technische Daten	
ggf. Werksvertretung:	Ing. H. FISCHER	Kraftbedarf:	36 kW
Anschrift, Telefon-Nr.:	Niedere Klinge 16,	Eigengewicht:	855 kg
	7121 Gemmrigheim	Drehzahl:	2000 U/min.
	07142/9016	Arbeitsbreite:	1,50 m
		Lieferbar	1,90 m; 2,30 m

Gerätebeschreibung

Reichweite (schräg)

		oben:	2,00 m
Fabrikat:	VOTEX	unten:	1,50 m
Typ:	Jumbo	zur Seite:	2,00 m
Bauart:	Schlegelmäher	*Abmessungen in Transportstellung*	
Heck- und Frontantrieb		Länge:	1,00 m
Antriebsart:	mechanisch	Breite:	1,50 m
Art des		Höhe:	1,80 m
Arbeitswerkzeuges:	48 Schlegel		

Schlegelmäher

Hersteller,		*Sonderausrüstung:*	
ggf. Werksvertretung:	DAMECO GmbH	Kreissäge, Mähbalken, Fräse	
Anschrift, Telefon-Nr.:	Büsumer Str. 80 - 86,	**Technische Daten**	
	2370 Rendsburg		
	04331/4530	Kraftbedarf:	48 kW

Gerätebeschreibung

		Eigengewicht:	895 kg
Fabrikat:	FERRI	Drehzahl:	2300 U/min.
Typ:	TS 60	Umfangs-/Schnittgeschwindigkeit:	52 m/s
Bauart:	Dreipunktanbau	Arbeitsbreite:	1,20 m
Antriebsart:	Zapfwelle	*Reichweite*	
Art des Arbeitswerkzeuges:		oben:	6,10 m
Schlegel-Rotor mit 32 Werkzeugen		unten:	4,50 m
		zur Seite:	6,10 m

Schlegelmäher

		Technische Daten	
Hersteller, ggf. Werksvertretung:	DAMECO GmbH	Kraftbedarf:	33 kW
Anschrift, Telefon-Nr.:	Büsumer Str. 80 - 86,	Eigengewicht:	560 kg
	2370 Rendsburg	Drehzahl:	2400 U/min.
	04331/4530	Umfangs-/	

Gerätebeschreibung

Umfangs-/
Schnittgeschwindigkeit: 50 m/s
Arbeitsbreite: 1,00 m

Fabrikat:	FERRI
Typ:	TS 35
Bauart:	Dreipunktanbau
Antriebsart:	Zapfwelle

Reichweite

oben:	4,10 m
unten:	2,00 m
zur Seite:	3,60 m

Art des Arbeitswerkzeuges:
Schlegel-Rotor mit 24 Werkzeugen

Holzhacker

|

Holzzerkleinerer, Buschholzhacker

Hersteller, ggf. Werksvertretung: Fa. TÜNNISSEN & STOCKS GmbH

Anschrift, Telefon-Nr.: Weserstr. 2, 4133 Neukirchen-Vluyn 02845/3043

Gerätebeschreibung

Fabrikat:	TÜNISSEN & STOCKS
Typ:	403 M
Bauart:	Nachläufer auf Tandem-Fahrwerk
Antriebsart:	Hatz-Dieselmotor

Art des Arbeitswerkzeuges:
Hackscheibe mit 2 nachstellbaren Messern

Sonderausrüstung:

Vollverkleidung, 360 ° schwenkbar

Technische Daten

Kraftbedarf:	ca. 30 kW
Eigengewicht:	ca. 1600 kg
Umfangs-/ Schnittgeschwindigkeit:	ca. 800 U/min.
Durchmesser des Werkzeuges:	800 mm

Beschreibung der Arbeitsweise:

- Holzzerkleinerer zur Verarbeitung von Materialstärken bis ca. 18 cm.
- Vollhydraulischer Materialeinzug durch 2 aus Vollmaterial gefräßte Einzugswalzen.
- Zerkleinerung durch Hackscheibe mit 2 nachstellbaren Hackmessern, Drehzahl ca. 800 U/min.
- Materialauswurf durch 360 ° drehbares Ausblasrohr, verstellbare Streuklappe.

Holzhacker

Hersteller,	
ggf. Werksvertretung:	Fa. G. DÜCKER KG,
	Maschinenfabrik
Anschrift, Telefon-Nr.:	Wendfeld 9,
	Stadtlohn,
	02563/7988

Gerätebeschreibung

Fabrikat:	DÜCKER
Typ:	H 760
Bauart:	Zapfwellengetriebenes
	Heckgerät
Antriebsart:	Zapfwelle
Art des Arbeitswerkzeuges:	
3 Schneidmesser, 1 Gegenschneide	

Sonderausrüstung:
auch als Frontgerät und als Tandemachse lieferbar

Technische Daten

Kraftbedarf:	20 - 50 kW
Eigengewicht:	600 kg
Drehzahl:	540 - 1000 U/min

Durchmesser des	
Werkzeuges:	7,80 m
Arbeitsbreite:	bis 18 cm

Beschreibung der Arbeitsweise

Der Holzhacker H 760 wird angebaut an die hintere Dreipunkthydraulik; ist geeignet zum Zerkleinern von hartem und trockenem Holz, sowie für Zweige, Buschholz und frische Stämme mit Nadeln und Blättern.

Die zwei senkrecht stehenden Einzugswalzen sorgen für gleichbleibende Schnitzelqualität. Das Gerät arbeitet mit 3 Messern und einer Gegenschneide. Eingebaute Knickholzbrecher garantieren, daß auch kleinere und dünnere Äste einwandfrei zerkleinert werden.

Die Hackerscheibe wird über Zapfwelle betrieben, die Einzugswalzen werden von der Schlepperhydraulik gespeist. Auf Wunsch ist eine eigene Ölhydraulik aufzubauen.

Die Hacker werden sowohl als Front- und Heckgeräte, wie auch mit eigenem Dieselmotor angeboten.

Holzhacker

Hersteller,
ggf. Werksvertretung: BAAS
Anschrift, Telefon-Nr.: Industriestr. 39 - 43,
2000 Wedel
04103/8031

Gerätebeschreibung

Fabrikat:	BAAS
Typ:	S 80 GTX, S 80 GTF
Bauart:	Anbau
Antriebsart:	Zapfwelle
Art des Arbeitswerkzeuges:	Schneidschnecke

Sonderausrüstung:

Schnecke für Hackschnitzel, Schnitzel von S 80 GTF
zum Kompostieren geeignet, langes Ausblasrohr -
zerkleinertes Holz kann direkt auf Transportfahr-
zeug geladen werden.

Technische Daten

Kraftbedarf:	40 kW
Eigengewicht:	250 kg
Drehzahl:	540 U/min.
Hacklänge:	10 cm
Massendurchsatz:	3 - 5 cbm/h

Abmessungen in Transportstellung

Länge:	2,16 m
Breite:	1,00 m
Höhe:	1,00 m

Holzhacker

Hersteller,
ggf. Werksvertretung: KEMPFF Forsttechnik
GmbH
Anschrift, Telefon-Nr.: Bruck 4,
8018 Grafing
08092/5004

Gerätebeschreibung

Fabrikat:	ERJO
Typ:	160 T
Bauart:	Anbau
Antriebsart:	Zapfwelle

Art des Arbeitswerkzeuges:
Trommelhacker mit 4 Messern für Holzstärken
von 10, 15, 20 cm (abhängig von kW-Zahl)

Sonderausrüstung:

1. Zusatzgebläse für besonders hohen oder weiten
Auswurf
2. Ausführung auch mit E-Motor-Antrieb

Technische Daten

Kraftbedarf:	30 - 90 kW
Eigengewicht:	550 kg
Drehzahl:	1400 U/min.
Hacklänge:	0,5 - 2 cm
Massendurchsatz:	3 - 10 t/h

Abmessungen in Transportstellung

Länge:	1,10 m
Breite:	1,30 m
Höhe:	2,60 m

Holzhacker

Hersteller,
ggf. Werksvertretung: Hermann MEYER
Anschrift, Telefon-Nr.: Hauptstr. 39,
2084 Dellingen
04101/25031

Gerätebeschreibung

Fabrikat:	MOOG
Typ:	MHD 2000
Bauart:	3-Punkt-Aufhängung
Antriebsart:	Zapfwelle

Art des Arbeitswerkzeuges:
Messer-Rotorscheibe mit zwei Hackmessern hydraulischer Doppelwalzeneinzug

Sonderausrüstung:

Anhängekupplung, elektr. Beleuchtung

Technische Daten

Kraftbedarf:	30 kW
Eigengewicht:	1600 kg
Drehzahl:	540 U/min.
Hacklänge:	0,5 - 4 cm
Massendurchsatz:	8 - 18 t/h

Holzhacker

Hersteller, ggf. Werksvertretung:	Hans SCHLIESING
Anschrift, Telefon-Nr.:	Kapellener Str. 30, 100 Duisburg 46 02151/409467

Gerätebeschreibung

Fabrikat:	SCHLIESING an FENDT-Geräteträger
Bauart:	Anbau
Antriebsart:	Zapfwelle mit hydraulischem Einzug

Art des Arbeitswerkzeuges:
Messerscheibe für Holzstärken bis 18 cm Durchmesser

Sonderausrüstung:
Hochentleerbehälter Inhalt 4 cbm (hydraulisch)

Technische Daten

Kraftbedarf:	37 kW, 51 kW
Massendurchsatz:	bis zu 12 cbm/h

Abmessungen in Transportstellung

Länge:	6,50 m
Breite:	2,30 m
Höhe:	2,87 m

Holzhacker

Hersteller, ggf. Werksvertretung:	
Anschrift, Telefon-Nr.:	Alfred GOOSS 2105 Seevetal 1-Hittfeld 04105/2066

Gerätebeschreibung

Fabrikat:	PÖTTINGER WID
Typ:	WID
Bauart:	angehängt
Antriebsart:	Zapfwelle

Art des Arbeitswerkzeuges:
Scheibenrad-Hacksystem mit stufenloser Schnellverstellung der Hacklänge, Holzstärken bis 20 cm können verarbeitet werden

Sonderausrüstung:
Rundum schwenkbarer Auswurfkrümmer, kann abgeklappt werden.

Technische Daten

Kraftbedarf:	ab 15 kW
Eigengewicht:	1150 kg
Drehzahl:	540/1000 U/min.
Hacklänge:	4 - 60 mm
Massendurchsatz:	bis 15 cbm/h

Abmessungen in Transportstellung

Länge:	3,25 m
Breite:	1,66 m
Höhe:	3,15 m

Holzhacker

Hersteller, ggf. Werksvertretung:	Kommunalmaschinen Vertriebsges. mbH
Anschrift, Telefon-Nr.:	Max-Planck-Str. 7, 2390 Flensburg 0461/17188

Gerätebeschreibung

Fabrikat:	JENSEN
Typ:	Angeln A 1 Z

Bauart:	Dreipunktaufhängung oder Aufbau auf Fahrgestell mit eigener Achse
Antriebsart:	Zapfwelle

Art des Arbeitswerkzeuges:
zwei verzahnte Einzugswalzen

Technische Daten

Kraftbedarf:	18 kW
Eigengewicht:	1150 kg
Hacklänge:	2, 4, 6 cm

Holzhacker

Hersteller,		Bauart:	Anbau
ggf. Werksvertretung:	BLUHM	Antriebsart:	Zapfwelle
	Handelsges. mbH	Art des	
Anschrift, Telefon-Nr.:	Tegelbarg 9,	Arbeitswerkzeuges:	konische Hackschraube
	2357 Bad Bramstedt	*Sonderausrüstung:*	
	04192/1260	eingebaute Notausschaltung am Einlaßtrichter	

Gerätebeschreibung

Technische Daten

Fabrikat:	SASMO/KOPO	Kraftbedarf:	ab 30 kW
Typ:	HP 15L	Eigengewicht:	360 kg
		Drehzahl:	540 U/min.

Holzhacker

Hersteller,		Antriebsart:	Gelenkwelle
ggf. Werksvertretung:	BODENSTAB KG	Art des Arbeitswerkzeuges:	
Anschrift, Telefon-Nr.:	Mühlenredder 21,	Messerscheibe mit zwei Klingen	
	2352 Bordesholm	*Sonderausrüstung:*	
	04322/2020	Wahlweise für Dreipunktaufhängung oder auf Fahr-	
Gerätebeschreibung		gestell mit Zapfwellenantrieb oder Dieselmotor	

Technische Daten

Fabrikat:	SCAN-Hacker,		
	dän. Herstellung	Kraftbedarf:	ab 12 kW
Typ:	S 6	Eigengewicht:	400 kg
Bauart:	Anbau	Hacklänge:	8 - 35 mm

Holzhacker

Hersteller,		Art des Arbeitswerkzeuges:	
ggf. Werksvertretung:	BODENSTAB KG	Messerscheibe mit 3 Klingen, Scan-Hacker auf	
Anschrift, Telefon-Nr.:	Mühlenredder 21,	einem Trailer mit 2 Achsen montiert	
	2352 Bordesholm	*Sonderausrüstung:*	
	04322/2020	Wahlweise für Dreipunktaufhängung oder auf Fahr-	
Gerätebeschreibung		gestell mit Zapfwellenantrieb	

Technische Daten

Fabrikat:	SCAN-Hacker		
Typ:	S 8 Mobil	Kraftbedarf:	30 kW
Bauart:	Anhänger	Eigengewicht:	1700 kg
Antriebsart:	Hatz-Diesel	Hacklänge:	0,8 - 2,5 cm

Holzhacker

Hersteller,		**Technische Daten**	
ggf. Werksvertretung:	AGRO GmbH	Kraftbedarf:	37 - 74 kW
Anschrift, Telefon-Nr.:	Gettorfer Str. 1,	Eigengewicht:	900 kg
	2301 Osdorf	Drehzahl:	540/1000 U/min.
	04346/7011-14	Hacklänge:	0,6 - 2,5 cm
		Massendurchsatz:	5 - 20 cbm/h

Gerätebeschreibung

Abmessungen in Transportstellung

Fabrikat:	TEAMEX Produktion	Länge:	1,25 m
Typ:	TP 960 V	Breite:	2,07 m
Bauart:	Anbau	Höhe:	2,54 oder 1,50 m
Antriebsart:	Zapfwelle		

Art des Arbeitswerkzeuges:
Scheibenhacker mit 4 Messern und Knickholzbrechersystem

Hacker

Hersteller,		Antriebsart:	Zapfwelle
ggf. Werksvertretung:	Ludwig RIEDE		

Art des Arbeitswerkzeuges:
Scheibenhacker, 2 oder 4 Hackmesser, 1 Gegenmesser, Äste bis 22 cm hackbar

	Kommunal, Garten,	
	Landschaftspflege,
	Technische Geräte
Anschrift, Telefon-Nr.:	3501 Gudensberg 1
	05603/2003-2002

Sonderausrüstung:

Kann auch mobil mit E- oder Dieselmotor geliefert werden

Gerätebeschreibung

Technische Daten

Fabrikat:	HUSMANN	Kraftbedarf:	ab 30 kW
Typ:	Hacker H 8	Eigengewicht:	550 kg
Bauart:	3-Punktaufhängung	Drehzahl:	max. 1100 U/min.
	(abnehmbar)	Hacklänge:	10 - 30 mm

Holzschredder

Hersteller,		Antriebsart:	Zapfwelle
ggf. Werksvertretung:	CRAMER Technik		

Art des Arbeitswerkzeuges:
Rotor mit 4 Messern
Äste bis 10 cm

	GmbH	
Anschrift, Telefon-Nr.:	Reimerstr. 36,
	2950 Leer
	0491/12036

Sonderausrüstung:

Gerät kann mit hydraulischer Einzugsvorrichtung versehen werden (für große Baumkronen)

Gerätebeschreibung

Technische Daten

Fabrikat:	CRAMER	Kraftbedarf:	bis 50 kW
Typ:	HS 650 Z	Eigengewicht:	270 kg
Bauart:	Dreipunkt-Aufhängung	Drehzahl:	540 U/min.

Motorsensen, Freischneider

Hersteller,	
ggf. Werksvertretung:	Ludwig RIEDE
	Kommunal-, Garten- und
	Landschaftspflege,
	Technische Geräte
Anschrift, Telefon-Nr.:	3501 Gudensberg 1
	05603/2003, 2002

Gerätebeschreibung

Fabrikat:	STIHL
Typ:	FS 160, 180, 280K, 360
Bauart:	Handbetrieb
Antriebsart:	Motor

Art des Arbeitswerkzeuges:
Motoreinheit und Schneidgarnitur wurden durch
ein langes Schutzrohr miteinander verbunden.

Technische Daten

Kraftbedarf:	1,4 bis 2,4 kW
Eigengewicht:	7,1 - 9,4 kg

Beschreibung der Arbeitsweise:

verschiedene Schneidwerkzeuge für unterschiedliche Anwendungsbereiche: Ausputzarbeiten, Mäharbeiten, Beseitigung von leichtem Gestrüpp, von Dornenhecken, zum Auslichten von Gehölz und knorrigem Gestrüpp.

Motorsensen

Hersteller,	
ggf. Werksvertretung:	WITTE & Sohn GmbH,
	Alleinimporteur von
	Shindaiwa-Geräten
Anschrift, Telefon-Nr.:	Postfach 60,
	3065 Nienstädt,
	0721/707-77

Gerätebeschreibung

Fabrikat:	SHINDAIWA
Typ:	6 Modelle, (0,6-1,7 kW)
Art des Arbeitswerkzeuges:	

verschiedene Mähköpfe für unterschiedliche Anforderungen

Sonderausrüstung:
Shindaiwa-Geräte haben günstige Leistungsgewichte und geringe Vibrationswerte (Profi-A-V-System)

Technische Daten

Kraftbedarf:	1,1 kW
Eigengewicht:	6,1 kg

Motorsensen, Freischneider

Hersteller,	
ggf. Werksvertretung:	K.& K. Mähtechnik
	GmbH
Anschrift, Telefon-Nr.:	Hubertusstr. 15,
	3012 Langenhagen/
	Hannover
	0511/736048

Gerätebeschreibung

Fabrikat:	K.& K.
Typ:	Leicht 12/32,
	Standard 26/38,
	Super 33/52

Antriebsart:	Motor

Art des Arbeitswerkzeuges:
geräuscharme 2-Takt-Motoren

Sonderausrüstung:
Kreissägeblatt für Heckenschneider (bis 15 cm)
Schlagblatt für leichtes Gestrüpp

Technische Daten

Kraftbedarf:	0,9 - 1,8 kW
Eigengewicht:	5,0 - 9,5 kg
Durchforstung:	300 - 800 qm/h

Motorsensen, Freischneider

Hersteller, ggf. Werksvertretung:	NORLETT & Partner, Elektrolux-Gruppe
Anschrift, Telefon-Nr.:	Postfach 42 44, 8720 Schweinfurt

Gerätebeschreibung

Fabrikat:	PARTNER
Typ:	B 325, B 380, B 440 plus,

	T 220, B 265, u.a.
Antriebsart:	Motor:

Sonderausrüstung:

B 380 und B 440 plus sind für den harten Einsatz im Jungwald konstruiert

Technische Daten

Kraftbedarf:	bis 2,3 kW
Eigengewicht:	4,9 - 8,6 kg

Sonstiges

Machete als Astungshilfe

Hersteller, ggf. Werksvertretung:	WITTE & Sohn GmbH, Alleinimporteur von Shindaiwa-Geräten
Anschrift, Telefon-Nr.:	Postfach 60, 3065 Nienstädt, 0721/707-77

Gerätebeschreibung

Fabrikat:	SHINDAIWA Motorsägen, (6 Modelle 1,2 - 3,5 kW)

Die Machete ist eine Entastungshilfe. Sie wurde entwickelt, um aus einer Motorsäge ein preiswertes und sicheres Baumpflegesystem zu machen, daß problemlos an der Führungsschiene zu montieren ist. Mit Hilfe der Machet ist ein präziser Schnitt möglich.

Kettensägen

Stockkettensäge

Hersteller, ggf. Werksvertretung:	K. & K. Mähtechnik GmbH
Anschrift, Telefon-Nr.:	Hubertusstr. 15, 3012 Langenhagen, 0511/736048

Gerätebeschreibung

Fabrikat:	STANLEY
Typ:	CS 2311
Bauart:	handgeführte Stockkettensäge
Antriebsart:	hydraulisch
Art des Arbeitswerkzeuges:	Stockkettensäge

Sonderausrüstung:

kann auf Anfrage mit Verlängerung geliefert werden

Technische Daten

Kraftbedarf:	26-34/min.
Eigengewicht:	4 kg

Durchmesser des Werkzeuges:	Länge d. Schwertes 30 cm
Reichweite	
oben:	2,20 m
Abmessungen in Transportstellung	
Länge:	2,20 m:

Beschreibung der Arbeitsweise:

Anzuschließen durch Hydro-Schnellkupplungen an Unimog, Schlepper oder entsprechnde Kraftstationen.

Eignet sich zum Beseitigen von Büschen und Strauchwerk an Böschungen und Gräben, selbstverständlich auch zum Ausästen von Bäumen.

Die Säge ist angebaut auf ein ca. 1,90 m langes Alu-Rohr. Sie arbeitet erschütterungsfrei und kann in allen Arbeitslagen eingesetzt werden.

Eine leichte Handhabung ist durch das geringe Gewicht gewährleistet.

Komposter

Kompomix

Hersteller,	
ggf. Werksvertretung:	Fa. DÜCKER KG,
	Maschinenfabrik
Anschrift, Telefon-Nr.:	Wendfeld 9,
	4424 Stadtlohn
	02563/7988

Gerätebeschreibung

Fabrikat:	DÜCKER
Typ:	Kompomix KM 400 SL
Antriebsart:	Zapfwelle
Art des	
Arbeitswerkzeuges:	Zerkleinerungsschnecken

Sonderausrüstung:
Kran und eigener Dieselmotor

Technische Daten

Kraftbedarf:	ab 60 kW
Eigengewicht:	7040 kg
Leistung:	bis 15 ccm/h fertig. Mat.

Abmessungen in Transportstellung

Länge:	7,10 m
Breite:	2,40 m
Höhe:	3,70 m

Beschreibung der Arbeitsweise:

Mit dem Kompomix lassen sich alle Abfälle wie Baumschnitte, Strauchwerk, Garten- und Friedhofsabfälle, Gras, Verpackungsmaterial usw. problemlos zerkleinern. Das Material wird durch die untenliegende Zerreißschnecke zerkleinert. Die beiden oben liegenden Transportschnecken führen der Zerreißschnecke das Material immer wieder zu.

Die Beschickung erfolgt entweder per Hand, Radlader oder Kran mit Greifer.

Der Kompomix verarbeitet je nach Material in einem Durchgang bis zu 30 ccm (Rohmaterial zu einer Menge von ca. 4 ccm) kompostierfähiges Material. Das Material wird mittels des angebauten Förderbandes locker auf Mieten bis zu 1,80 m Höhe ausgebracht.

Die relativ niedrigen Geschwindigkeiten der Schnecken sorgen für geringe Lärmbelästigung und geringen Verschleiß.

Verzeichnis der Abbildungen und Tabellen

Abbildungen

Verzeichnis der Abbildungen und Tabellen

Das EDV-Anwendungssystem "NATUR" der Naturlandstiftung Hessen e.V. 89

Tabellen

Ökologischer Wert von Hecken, Feld- und Bachgehölzen... 11

Phytopathologische Aspekte der
Neuanlage von Hecken und Feldgehölzen.. 63

Hecken und Feldgehölze als
gestaltende und stabilisierende Landschaftselemente... 67

Notizen

Notizen

Notizen

Notizen

Schriftenverzeichnis
Schriftenreihe "Angewandter Naturschutz"

Band 1: NATURLANDSTIFTUNG HESSEN E.V. (Hersg.)(1987):
Biotopvernetzung in der Kulturlandschaft I
Symposiumsbericht
2. Aufl., 119 Seiten; Lich 1988;
ISBN 3-926411-00-7; (DM 18.-)

Band 2: BARTH, W. & WOLLENHAUPT, H. (1988):
Folgenutzung Naturschutz -
Möglichkeiten für Kies- und Sandabbaustätten unter Berücksichtigung hessischer Verhältnisse
78 Seiten, 1 Tab., 8 Abb., 24 Fotos, 1 Karte 1: 500.000; Lich 1988;
ISBN 3-926411-01-5; (DM 18,--)

Band 3: BROCKMANN, E. (1987):
Natur im Verbund - Theorie für die Praxis
152 Seiten, 29 Abb.; Lich 1988
ISBN 3-926411-02-3; (DM 21,--)

Band 4: NATURLANDSTIFTUNG HESSEN E.V. (Hersg.)(1987):
Naturschutzprogramme mit der Landwirtschaft
Symposiumsbericht und Katalog
2. Aufl., 275 Seiten; Lich 1988;
ISBN 3-926411-03-1; (Vergriffen)

Band 5: NATURLANDSTIFTUNG HESSEN E.V. (Hersg.)(1988):
Biotopvernetzung in der Kulturlandschaft II
Symposiumsbericht
112 Seiten; Lich 1988;
ISBN 3-926411-04-X; (DM 18,--)

Band 6: NATURLANDSTIFTUNG HESSEN E.V. (Hersg.)(1988):
Landnutzung und Naturschutz
Symposiumsbericht
120 Seiten, 6 Tab., 6 Abb., 14 Fotos; Lich 1988;
ISBN 3-926411-05-8; (DM 21,--)

Band 8: NATURLANDSTIFTUNG HESSEN E.V. (Hersg.)(1988):
Lebensräume der Kulturlandschaft I
Teil 1: Lebensräume der offenen Landschaft
in Vorbereitung: Erscheinen voraussichtlich Herbst 1990

Band 7: NATURLANDSTIFTUNG HESSEN E.V. (Hersg.)(1988):
Landwirte als Partner des Naturschutzes
Tagungsbericht
160 Seiten, 12 Tab., 24 Abb., 28 Fotos; Lich 1988;
ISBN 3-926411-06-6; (DM 21,--)

Band 9: MAERTENS, Th. & M. WAHLER, LUTZ, J. (1988/89):
Landschaftspflege auf gefährdeten Grünlandstandorten
168 Seiten, 17 Tab., 14 Abb., 17 Fotos; Lich 1990;
ISBN 3-926411-08-2; (DM 21,--)

Die Schriftenreihe ist zu beziehen bei:
Naturlandstiftung Hess en e.V. - Bahnhofstr. 10 - 6302 Lich

Band 10: NATURLANDSTIFTUNG HESSEN E.V. (Hersg.)(1988):
Feldgehölze als Lebensraum -
Ökologischer Wert, Gestaltung und Pflege
ca. 120 Seiten; in Vorbereitung; Erscheinen Februar 1990
ISBN 3-926411-09-0; (DM 18,--)

Die Schriftenreihe ist zu beziehen bei:
Naturlandstiftung Hess en e.V. - Bahnhofstr. 10 - 6302 Lich

Schriftenreihe Angewandter Naturschutz
Band 9

Landschaftspflege
auf gefährdeten Grünlandstandorten

Im Zuge der agrarökonomischen Entwicklung wird die Landschaftspflege zunehmend zu einem Schwerpunktbereich des Naturschutzes. In Grenzertragslagen und auf Grünlandstandorten wird die landwirtschaftliche Nutzung eingestellt. Durch die Brache können diese Landschaftselemente ihre ursprüngliche Artenvielfalt verlieren.

Aus der Sicht des Naturschutzes gilt es also diese Biotope auch weiterhin zu pflegen. Eine derartige Aufgabe ist nach Meinung vieler Naturschützer jedoch nur dann zu finanzieren, wenn es gelingt, eine bäuerliche Landwirtschaft zu erhalten und die Landschaftspflege wieder in umweltverträgliche Nutzungsprozesse einzubinden.

Die Autoren des vorliegenden Band 9 der Schriftenreihe "Angewandter Naturschutz" der Naturlandstiftung Hessen e.V. haben sich des Problembereiches "Grünlandpflege" angenommen und den aktuellen Wissensstand zusammengetragen.
Zunächst werden die grundsätzlichen Pflegetechniken zur Erhaltung der Grünlandstandorte vorgestellt und bewertet. Der zweite Teil widmet sich dem Thema "Landschaftspflege durch Nutztiere" und prüft die Eignung der Rassen für Naturschutzaufgaben.

Die Broschüre wendet sich an alle naturschutzinteressierten Personen und Landwirte. Es gilt dabei Informationsdefizite aufzuarbeiten und zu konstruktiven Diskussionen anzuregen.

168 Seiten, 17 Tab., 14 Abb., 17 Fotos; Lich 1990;
ISBN 3-926411-08-2; (DM 21,--)

Die Schriftenreihe ist zu beziehen bei:
Naturlandstiftung Hess en e.V. - Bahnhofstr. 10 - 6302 Lich

Schriftenreihe Angewandter Naturschutz
Band 7

Landwirte als Partner des Naturschutzes

Tagungsbericht

Vor dem Hintergrund der agrarpolitischen Entwicklung sehen sich Naturschützer und Kommunen in der Landschaftspflege in den kommenden Jahren zunehmend vor große Probleme gestellt. Schon jetzt sind die negativen ökologischen Folgen in brachliegenden Regionen deutlich spürbar. Eine Hauptaufgabe des Naturschutzes muß daher die Erhaltung einer Kulturlandschaft mit ihren vielfältigen Formen der Landnutzung sein.

Für die Übernahme von Landschaftspflegearbeiten ist der Landwirt durch seine Ortskenntnis und seine maschinelle Ausstattung der geeignete Partner für Naturschutz und Kommunen. Er kann als "Unternehmer in Sachen Landschaftspflege" tätig werden. Dabei treten allerdings erhebliche steuer- und versicherungsrechtliche Beschränkungen auf, die die Arbeit des Landwirts im Naturschutzbereich erschweren. Ein weiteres Problem stellt die Entsorgung des bei der Biotoppflege anfallenden Mäh- und Schnittgutes dar, sofern es von Landwirten nicht im eigenen Betrieb verwendet werden kann.

Im vorliegenden Band 7 der Schriftenreihe "Angewandter Naturschutz" sind Vortäge einer Tagung zusammengefaßt, bei der sich kompetente Fachleute eingehend mit dieser Thematik auseinandergesetzt haben. Es ist gerade jetzt von besonderem Interesse, Naturschützer und Landwirte mit den Möglichkeiten und Problemen im Bereich der Landschaftspflege vertraut zu machen.

160 Seiten, 24 Abbildungen, 12 Tabellen, 28 Fotos;
Lich, 1988 (DM 21,--)
ISBN 3-926411-06-6

Die Schriftenreihe ist zu beziehen bei:
Naturlandstiftung Hess en e.V. - Bahnhofstr. 10 - 6302 Lich

Schriftenreihe Angewandter Naturschutz
Band 6

Landnutzung und Naturschutz

Symposiumsbericht

Landnutzung und Naturschutz - Gegensätze oder untrennbare Einheit ?

Im vorliegenden Band 6 der Schriftenreihe "Angewandter Naturschutz" suchen namhafte Wissenschaftler diese Frage zu beantworten. Mit der Landwirtschaft, Forstwirtschaft und der Jagd wurden dabei die drei ältesten Landnutzungsformen aufgegriffen.

Ein Schwerpunkt hierbei bildet eine kritische Betrachtung zur "Umweltverträglichkeit der Jagd".

Das Buch möchte Gemeinsamkeiten zwischen diesen Formen der Bodennutzung und dem Naturschutz aufzeigen, Problembereiche analysieren, Kontroversen abbauen und zum gegenseitigen Verständnis beitragen.

20 Seiten, 6 Tabellen, 6 Abbildungen, 14 Fotos;
Lich 1988; (DM 21,--)
ISBN 3-926411-05-8

Die Schriftenreihe ist zu beziehen bei:
Naturlandstiftung Hess en e.V. - Bahnhofstr. 10 - 6302 Lich